中公文庫

ロシア文学を学びに アメリカへ？

増補版　屋根の上のバイリンガル

沼野充義

目次

ことばの旅行術・実践篇

ことばの旅行術・理論篇

解説

ロシア文学を学びにアメリカへ？　増補版　屋根の上のバイリンガル

はじめに――どうしてロシア文学専攻のぼくがアメリカに行ったのか？

本書は過去に『屋根の上のバイリンガル』といういささか奇妙なタイトルで出ていた本（筑摩書房、一九八八年。白水Uブックス版、一九九六年）の増補版である。単行本になる元の原稿は、『翻訳の世界』という月刊誌に一九八五年から八八年にかけて「言語街道交差点」というタイトルのもとに連載された。とうになくなってしまった雑誌だが、単に翻訳の問題だけでなく、語学・文学全般を扱うけっこう先端的なところもある、にぎやかで楽しい雑誌だったので、とても懐かしい。旅行記とも、留学体験記とも、語学解説書とも、移民・亡命論とも言える（部分的には文体の実験やパロディも含む遊びとしてのエッセイという要素も含む）、なんとも分類しがたいぼくの文章を掲載する場として、いまから考えるとこれ以上相応しいものはなかったという気がする（この雑誌については、佐藤＝ロスベアグ・ナナ氏（ロンドン大学SOAS〔東洋アフリカ学院〕教授）による『学問としての翻訳――「季刊翻訳」「翻訳の世界」とその時代』（みすず書房、二〇二〇年）という研究書も出ている。この雑誌が現代日本の翻訳論だけでなく、ポストモダン的な越境的文化論の発展にどのような役割を果たしたか、周到な調査に基づいて論じたアカデミックな労作だ）。

とはいえ、なにしろだいぶ前の本なので、自分としてはとうに「賞味期限切れ」かと思っていたのだが、思いがけずこのたび中公文庫に収録していただけることになった。そのために久しぶりに全体を読み返してみて、古い事実関係のアップデートや不十分だった記述の修正を行い、その後だいぶ事情が変化したトピックについてはいくつかの章の末尾に「付記」を書き足すなどの作業をした。そしてこの機会に、元のタイトルは副題に残しながら、メインタイトルをもうちょっと訳の分かるものに（いや、そうでもないか？）に変えた。

しかし、個別の事項は修正できるとしても、全体にずいぶん初々しい書き方だなあと思うところが多く、これは今さら変えられない。日本人の外国との付き合い方はその後大きく変わり、ぼくよりも若い世代はどんどん海外の「珍しい」ところに出かけていってもっとディープな異文化・異言語体験を積んでいるので、お前の体験などたいしたものではない、と言われそうなことはよくわかっている。しかし海外で初めて見聞きする移民の姿やマイナー言語のあり方に心ときめかし、おもしろがった経験が本書には刻印されている。本書を支えているそのような若いころの感動は、古びることはない。多少なりとも現代の読者に通じるものがあるのではないか、と期待したい。

ここで本書のもとになったぼくの海外体験について、そもそもどうしてアメリカでロシア文学を研究しようなどと思ったのかについて、本文中ではほとんど説明がないので、少し書き留めておこう。

本書の基礎になった海外体験は、一九八一年から八五年のハーバード大学留学と、留学を終えて日本に帰る際に立ち寄ったヨーロッパでの自動車旅行、そして一九八七年から八八年にかけてのワルシャワ滞在(ワルシャワ大学で日本語日本文学を教えるかたわら、ポーランド語の学習にはげみ、ポーランド文学の研究をした)である。一九八〇年ごろにアメリカに留学しようと思い立ったとき、ぼくはすでに東京大学大学院の博士課程でロシア文学を専攻していて、ロシア語も十分に習得していた。駆け出しの研究者としては言わばなかば「できあがりつつある」状態だった。

そこで「仕上げ」のために外国に留学したいと思ったのだが、ロシア語・ロシア文学の本場であるソ連に正規留学したり、客員研究者として受け入れてもらったりするためには、かなりハードルが高かった。当時ソ連と日本の国交は(今でもそうだが)正常化しておらず、ソ連での長期研究のための門戸は広くは開かれていなかった。そのうえ、ソ連では

――独自の人文研究の高い水準と古い伝統はあったとはいえ――イデオロギー的な制約が強く、欧米では当たり前の文学理論もあまり受け入れられておらず、政治的理由から実質的に禁止されているテーマがあまりにも多かった。たとえば反体制作家のソルジェニーツインや亡命作家のナボコフやブロツキーはソ連では当時読むことさえできなかったのだ。そんなわけでぼくはソ連ではなく、アメリカに行ってみたいと思うようになった。これはロシア文学を専攻する若い研究者としては非常に珍しい選択で、おそらく前例はまったくない。しかし、アメリカにはソ連から亡命した重要なロシア人の学者や作家が多く、ぼくが当時から参照していたアメリカの学者が英語で書いたロシア文学研究書にはソ連で出た本より優れたものが少なくなかった。しかも、アメリカにはスラヴ・東欧諸国からの亡命者・移住者がたくさんいるので、ロシア語以外の言語を学ぶ機会もあるだろう。当時からぼくは、ロシア文学を専攻する身でありながら、他のスラヴ語やイディッシュ語にも興味を持ち、亡命・移住・バイリンガル・多言語使用といった、一国の枠内にとどまらない現象に注目していたので（ずいぶん気が多いというか、欲張りだった。それはいまでも変わらない。ぼくが「ロシア文学者」として一本道を驀進（ばくしん）できなかったのも、そのためだ）、結局アメリカのほうが行き先としてはソ連よりもずっと魅力的だったのだ。

とはいえ、アメリカは学費も生活費も高く、とても自費では行けない。公費の留学の道はわずかしかなく、いずれも狭き門だ。その中でもおそらく最難関であるフルブライト奨学金に応募してみようと思ったのは、心理学を専攻していた兄が少し前にフルブライト奨学金を受けてアメリカに行っていたので、ぼくも通るかもしれないと何となく思ったということもあるが、決して自信があったわけではない。アメリカ文学はけっこう好きで、英語を読むのも嫌いではなかったが（学部時代には亀井俊介先生の授業に出て、フォークナーの『八月の光』を英語で読破して報告したこともあった）、自慢じゃないけれど英会話の稽古など一度もしたことがない。

だから、フルブライト奨学金を一度で突破できたのは、運が加勢してくれたという面が大きかったと思う。ぼくは「ロシア東欧文学を中心としながら、亡命文学やアメリカや日本の文学も視野に入れる」という大風呂敷な比較文学研究を掲げて応募したのだが、そもそもフルブライト奨学金は、普通、アメリカか日本を専門とする研究者に対して与えられるものだ。こんな研究計画で通るものだろうか。

フルブライト奨学金選考のための面接に行ってみると、アメリカ人の審査委員たちに交じって、評論家の江藤淳氏がいた。ぼくは江藤氏と個人的な面識はなかったが、著名人だったので、顔を見てすぐにわかった。アメリカ留学のための面接だから、質疑応答はすべて英語で行なわれる。当然、江藤氏も英語で質問し、ぼくもやはり英語で答えた。やりとりの内容はもうほとんど忘れてしまったが、文学について本質的な質問をした唯一の面接官が江藤氏だったという印象が強く残っている。一つだけはっきり覚えているのは、ぼくの研究計画の中にソ連東欧のSFが含まれていることに目を止めた江藤氏が、現代文学におけるSFの可能性について尋ね、ぼくが「いまでは現実のほうがSF的想像力を凌駕してしまっているように思う」と答えたことだ。これはその場の単なる思い付きだったが、その答を聞いて江藤氏はにっこり納得したような顔をし、それ以上は追及してこなかった。ぼくは英会話の修練はしていなかったが、そういった論文みたいな英文なら口をついて出たのだ。

その後すぐに審査に合格したという通知を受けた。よくぼくのような者に奨学金をくれるものだ、アメリカはさすがに懐が深い、などと感動したのだが、しばらく経ってから、それはじつは江藤淳のおかげだったらしい、という噂が伝わってきた。なんでも江藤氏は、ヌマノとかいうちょっと変なやつのことが気に入って、審査の席で強く推したのだとか。

そしてぼくは翌一九八一年からハーバード大学のスラヴ語スラヴ文学科博士課程に留学した。フルブライトから給費を受けたのは最初の二年間で、その後、ティーチング・アシスタントとして採用されて十分な給料をもらってさらに二年間、ロシア文学を教えながら（教えたといってもユーリイ・シュトリーター教授の「トルストイ」とドナルド・ファンガー教授の「ドストエフスキー」という授業を——どちらも受講者の多い人気科目だった——補佐し、小グループでのディスカッションを行い、レポート・期末試験を採点するといった仕事だったが）アメリカに滞在し、結局四年間アメリカにいたことになる。博士号の取得には至らず、一九八五年に東大に呼び戻され、留学を泣く泣く中断して帰国したが、ロシア東欧文学や亡命文学の研究者としてのぼくの重要な部分は、この時期に形成された。この留学がなければ、それはつまり、もしも江藤淳氏が審査委員の中にいなかったらという仮定にもなるが、その後のぼくはなかっただろう。

少し長くなったが、「ロシア文学をやりに」アメリカに行ったのはこういった事情である。この留学体験が本書の土台になったことは確かだが、あらかじめ読者にお断りしておきたいのは、普通の意味での留学生活も、そして何よりもロシア文学そのものについてもここにはほとんど書かれていないということだ。それから、本書には実質的に共著者と言えるくらい大事な存在がいるのに、全然姿を現さない、ということも忘れずに書き留めておこう。それはわがパートナーというか、うちの奥さんというべきか、沼野恭子さんだ。彼女はＮＨＫ国際局のディレクターという「一生もの」の仕事を投げうって、ぼくの留学の三年目からハーバードで合流し、以後おもしろいことも、大変なこともほとんどすべての経験をともにしてきた。日本に帰国後、彼女がロシア文学研究者・翻訳家として仕事をするにあたっては、やはりアメリカ体験が大きな意味を持ったのではないかと想像するのだが、それはまた別の物語になる。

ことばの旅行術・実践篇

ブライトン・ビーチのロシア語街

一九八四年の夏、ニューヨークに滞在していた時のことから始めよう。ぼくが泊まっていたのは、(財布の都合と、自動車で旅行していた事情のため)マンハッタンの西の端に近い十番街にあるモーテルだった。マンハッタンといってもこのあたりまで来るとかなり荒んだ感じで、商店もほとんどなく、夜になると人通りも途絶えてしまうのだが、通りをはさんでモーテルの真向かいに一軒ぽつんと食料品店があって深夜まで営業しているので、ときどきビールやつまみを買いに立ち寄ることがあった。この店の主人は白人の大男で、髪もスポーツ刈り、愛想も悪く(もっともニューヨークではそれが当たり前だが)、初めのうちはちょっと恐ろしい感じがしたものだ。話す英語は早口だが、強い訛があるので、英語が母語でないとはすぐにわかった。しかし、どこの出身なのか、見当もつかない。ある晩のこと、彼の店に寄ると、ちょうど彼が息子らしい男の子と英語でない言葉でしゃべっているところに出くわし、勝手に聞き耳を立てさせてもらった(失礼!)。すると、会話の内容はもちろんわからないのだが、ロシア語やポーランド語を知っているぼくには馴染みの単語が次々と耳に飛び込んでくる。これはスラヴ系の言語にちがいない、とは思ったものの、残念ながらぼくの知識では何語だかはっきり判別することはできなかった。しかしニューヨークのこんな片隅のしがない食料品店の中でしぶとく生き続ける生粋のスラヴ語が聞けたという事実に嬉しくなったぼくは、つい好奇心にかられて、「いったい何語をしゃべっているんだい、スラヴ語みたいに聞こえるけど」と男の子のほうに脇から話しかけてしまった。スラヴとは縁もゆかりもなさそうに見える東洋人からぶしつけな——というよりは、まったく意外な——質問をされた男の子はちょっと当惑し、一瞬ためらってから素っ気なく「クロアチア語だよ」と答えた。どうせクロアチア語がどこで話されているどんな言葉か、お前なんかにはわかるまい、とでも言いたげな表情だった。

ここで一言説明を加えておくと、クロアチア語というのは、旧ユーゴスラヴィアから独立したクロアチア人が主に用いている言語で、同じく旧ユーゴスラヴィアのセルビア語と言語学的には非常に近いものなので、両方をいっしょにしてセルビア＝クロアチア語(Serbo-Croat)と呼ぶのが普通だった。そして、これは旧ユーゴスラヴィアでもっとも有力な言語だった。しかし、かつての「ユーゴスラヴィア連邦」を構成していた諸民族がつぎつぎと独立し、民族紛争が激化する情勢の中で、セルビア・クロアチア間の民族意識の対立も先鋭化した結果、いまではこの二つの言語は別々のものと扱われるようになっている。もっとも、セルビア語がロシア文字と同系統のキリル文字を使い、クロアチア語がラテン文字を使うという表記上の目にはっきり見える相違をのぞけば、この両者の違いはいまだにそれほど大きくなく、言語学的には一つの言語の二つの方言と考えてもよい。だから、これは政治的な対立が一つの言語を二つに割ったケースと言えるだろう。

さらにもう一言、蛇足を加えておけば、旧ユーゴスラヴィア連邦は複数の民族からなる多言語国家だったから、「ユーゴスラヴィア語」などというものも存在しなかった。旧ソ連に「ソ連語」というものが存在しなかったのと同じ道理である。系統の上でいえば、セルビア＝クロアチア語はスラヴ系の中でも南スラヴ語群に属し、東スラヴ語群のロシア語や、西スラヴ語群のポーランド語ともかなり近い関係にあり、共通の語彙も多い。一例を挙げれば、いま名を挙げた三つの言語で一人称単数の代名詞（私）はすべて ja（ヤー）である。だからセルビア＝クロアチア語を正式に勉強したことがまったくなくても、他のスラヴ語を知っていればある程度の見当はつくというわけだ。

さて翌日、例の食料品店にまた寄ると、いかつい大男の主人が一人で店番をしていたので、うろ覚えのセルビア＝クロアチア語の単語を寄せ集めて“Kako ste danas？”と挨拶してみた。“Kako”は英語の“how”、“ste”は be 動詞の二人称複数短縮形（英語の“are”に相当）、“danas”は〃今日〃に当たるから、文字通り“How are you today？”の意味である（ただし、セルビア＝クロアチア語のほうでは人称代名詞が省略されている）。それまで険しい表情をしていた大男のクロアチア人は、ぼくの挨拶を聞いたとたんに破顔一笑し、急に人なつこそうな表情を浮かべ、口も軽くいろいろなことを英語でしゃべりはじめた。その変貌ぶりがあまりに極端だったので、こちらのほうが驚くほどだった。別にたいした会話をしたわけではない。「ぼくは日本人だけど、スラヴ語に興味を持っている」とこちらが言うと、むこうは「そうか、日本人といえばうちのアパートにも一人住んでいるが、なかなかいいやつだよ」といった調子で、最後にはおやすみなさいとセルビア＝クロアチア語と日本語で言い交して、互いににこにこしながら別れた。

もちろん、特に劇的な出会いというほどのものではないが、これはぼくにとってニューヨーク滞在の楽しい一コマとしていまでもはっきりと記憶に残っている（あのいかついクロアチア人にとってもそうであればいいのだが）。こんな一挿話からもわかるように、ニューヨークとは言葉に興味を持つ人間にとって非常に魅力のある町であり、歩いていても、地下鉄に乗っていても、世界中のありとあらゆる言葉が聞こえてくる。

しかし、その魅力は、人種の“melting pot”（るつぼ）というような常套句ではけっして表現し尽くせないように思う。ニューヨークに多種多様な民族が共存していることは確かだが、彼らが必ずしもるつぼの中で「溶け合」ってはいないからだ。クロアチア人のような少数民族でさえ、母国の文化や、その文化の「乗物」である母語を保持しながらアメリカ生活に根をおろしている。多民族社会の中で一つ一つの民族集団が自らの独自性を主張しながら生きていれば、当然「平和共存」というきれいごとですまないような事態も生じ、民族間の反目や敵対も生まれてくるだろう（その敵対が社会的な力関係によって制度化されれば、「人種差別」になるわけだ）。「人種のるつぼ」という表現のかげに、「いろいろな民族が溶け合って渾然一体化したアメリカ社会を作っているのだ」という主張がひそんでいるのだとすれば、それはかなり現実離れした考え方だと言わざるをえない。そんなわけで、いろいろな民族がそれぞれ独自のコミュニティを形成しながら共存しているアメリカ社会を、社会学者は最近「サラダ・ボール」と呼んでいるようだが、ぼくはむしろ人種の“patchwork”（つぎはぎ細工）と呼んでみたい気がする。

ところで、そのパッチワークに、最近新しい〝つぎ〟が一つ付け加えられた。主にマンハッタンの南にあるブルックリンに住む、ロシア系ユダヤ人の集団である。これは一九七〇年代にソビエト政府が国内に住むユダヤ人の一部に出国を認めたため起きた現象で、ソ連を出たユダヤ人の多くが最終的にはニューヨーク近郊に流れ着き、特にブルックリンのブライトン・ビーチ Brighton Beach という町を中心に一大コミュニティを形成している。

（上）ニューヨークのロシア語週刊誌『セーミ・ドニェイ』（『七日間』）
（下）ニューヨークのロシア語週刊新聞『ノーヴィ・アメリカーニェツ』（『新アメリカ人』）

ブライトン・ビーチといえば、ニール・サイモンが少年時代を描いた自伝的戯曲『ブライトン・ビーチ回顧録』の舞台となっている場所でもあるが、いまではもちろんそのおもかげはなく、すっかりロシア語の町と化しており、この近辺のロシア語人口は（正確な統計がないため、よくわからないのだが）数万人にのぼるものと見られている。

この新しい移民のアイデンティティは複雑で、正確に記述しようとすれば、「ソ連で育った、ロシア語を話すユダヤ人」とでもなるだろうが、なかには少数ながら配偶者がユダヤ人であるためにソ連を出ることができた生粋のロシア人もまじっているし（「生粋のロシア人」などという概念が成立するかどうか、そもそも怪しいのだが、ここでは不問に付す）、またユダヤ人といっても〝ユダヤ的〟であるとは限らず、生活様式から見てもメンタリティから見てもむしろロシア人（あるいはアメリカ人に言わせれば、「ソ連人」）に近い者が多い。何年か前、ある日本の新聞記者がこの町を取材しながらも最後まで彼らがユダヤ系であることに気づいていない様子だったので、その観察の皮相さにあきれてしまったことがあるが、それもいま述べた事情を考え合わせるとしかたのないことだったのかもしれない。言葉の面を見ても、東欧のユダヤ人の母語と言うべきイディッシュを知っていたのは彼らの祖父母か、せいぜい親の世代までで、反ユダヤ的な風潮の強いソ連社会で育ち、教育を受けた彼らの大部分はロシア語しか話せない（一九七〇年のソ連の統計によれば、ソ連国内のユダヤ人は約二百十万人で、そのうちイディッシュを母語とするものは一七パーセントあまりいることになっているが、この「一七パーセント」の大部分が高齢者であることは想像に難くない)。

ロシア語しか話せないユダヤ人がアメリカに移住してきたら、生活面でまず問題になるのは英語の修得だろうが、それにつけても思い出されるのは、ある日本のロシア文学者が

ブライトン・ビーチの目抜き通り。
看板の文字にご注意

彼らを評して「語学に堪能なユダヤ人のことだから、言葉の壁もじきに乗り越えるだろう」と楽観的に言ったことである。そもそもユダヤ人が語学に堪能だというのは、祖国を持たず諸国を転々とせざるを得なかった彼らの歴史の結果にすぎず、彼らが先天的に他の民族よりも語学に堪能であるとは言い難い。そのことは、ロシア語しか知らないブライトン・ビーチのユダヤ人たちの英語との悪戦苦闘ぶりを見るとよくわかる。

たとえば、ここのロシア語コミュニティに数あるロシア・レストランの一つに、日本人の友人夫妻を連れて入った時の話だが、店の中で中年の酔っ払いがこちらのほうに寄って来たことがある。この辺のロシア・レストランに来る客の大部分は、当然ロシア系のユダヤ人だから、日本人の小集団がもの珍しかったのだろう。初めはもちろん下手くそな英語で話しかけてきたのだが、こちらがロシア語で応対すると大喜びし、英語が難しいために自分がいかに苦労しているか、少々ろれつの回らなくなった舌で連綿とぐちをこぼし始めたのだった。彼が言おうとしていたのは、だいたいこんなことだろうか。「俺だって少しは英語を勉強してきたさ。でもな、そんなもんここじゃちっとも役に立たないね。なぜって、町じゃアメリカの連中、文法通りにしゃべってくれないだろ。あんな英語は正しくない英語だぜ、そんなもんがこっちにわかってたまるかい、俺の知ってるのは正しい英語だけだからな。だいたい、発音だって綴り通りにはやらないで、口を妙にひん曲げて声を出すもんだから、何言ってるんだか、わかったもんじゃない……」文法や綴りには強いが、実際の会話は苦手な日本人が口にしてもおかしくない科白である。生きた英語が苦手なのは、どうやら日本人だけではないらしい。

ブライトン・ビーチにはこんなロシア系ユダヤ人がたくさん住んでいるので、この町を歩いているとロシアに来たような錯覚にとらわれることさえある。通りで聞こえる会話の大半はロシア語だし、店の看板もロシア語で書かれたものが多い。レストランやナイト・クラブではロシア系ユダヤ人のバンドがロシア語の歌を演奏し、客たちはウォッカを飲みながらロシア的な哀愁の旋律に酔った身をゆだねる……。いったいこれがアメリカの一部なのだろうか、彼らがアメリカ社会に同化することがあるのだろうか、と妙な感じがしてくる。

ブライトン・ビーチで活躍するロシア人音楽家ヴィリー・トーカレフのアルバム・ジャケット

しかし、こういった特異なコミュニティをやすやすと受け入れ、新たな〝つぎ〟

として自らの〝パッチワーク〟に加えることができるというところに、アメリカ社会の活力の源がある、と言ったほうが現実を言い当てていることになるのだろう。ちなみに、ニューヨークで出ているロシア語週刊新聞の一つは『新しいアメリカ人（ノーヴィ・アメリカニェッツ）』と題されている（一九八五年に廃刊）。

中公文庫版への付記

その後、ブライトン・ビーチは流入してくる移民の波が変化するとともに、町の表情を変えてきた。アメリカはその意味ではいまだに「生成中」の国なのだ。一九七〇年代のソ連からのユダヤ系移民は主にロシア・ウクライナから来ていた。特にウクライナのオデッサ出身者が多かったせいか、海辺の土地柄のせいか、この地は俗に「リトル・オデッサ」とも呼ばれてきたのだが、先に来た者たちの多くが経済的に成功して、より裕福な層の住む郊外に移って行った一方で、一九九一年のソ連崩壊後は旧ソ連を構成していた中央アジアの諸共和国（特にウズベキスタン）からの移民が増えた。

現在のブライトン・ビーチの様子を、ニューヨーク在住の亡命ロシア批評家アレクサンドル・ゲニスに訊いたところ、こんな返事が返ってきた。「なんといっても突出しているのは、中央アジア人の離散者コミュニティ（ディアスポラ）だね。なにしろ〈サマルカンド〉〈タシケント〉（どちらもウズベキスタンの都市名）という名前を冠した巨大スーパーマーケットが町の新しい顔になっているんだから。いつものことだが、ブライトン・ビーチのことを一番雄弁に語るのは食べ物なんだ」。さすが、知る人ぞ知る名著『亡命ロシア料理』（邦訳は未知谷）を書いた食通ならではの捉え方ではないか。

ただし、中央アジアからの新しい移民の大部分は旧ソ連時代からロシア語を程度の差こそあれ身につけていた人たちなので、ブライトン・ビーチの共通語がロシア語であることは変わらないようだ。二〇一一年の文献によれば、この地域の住人のおよそ四分の三がアメリカ合衆国外の生まれ、つまり移民であり、三分の一以上が「英語が話せないか、理解できない」という。ロシア語話者数について正確なデータはないようだが、推計で五万人とも、七万人とも言われている。

ロシア人が英語に出会うとき

一九八一年にぼくが初めて渡米したとき、いちばん最初に友達になった〝アメリカ人〟は、実はロシアから亡命してきたユダヤ人だった。名前はボリス・＊＊＊スキー、当時ハーバード大学数学科の大学院生で、まだ十九歳の若さだった。若々しいというよりは、むしろまだ子供っぽいと言ったほうがいいくらいで、知り合った二、三日後にはもう、ボストンの映画館で日本の〝サムライ・ムーヴィ〟をやっているからいっしょに見に行こうとぼくを誘い出した。おかげでぼくは、何だかわけのわからない古いチャンバラものにつきあわされ、そのうえ映画が終わると、地下鉄やバスに乗るよりも歩いたほうが気分がいいから、という彼の主張に従って夜道をおっかなびっくり一時間半も歩かされ、足に豆をこしらえる羽目になった。

ところがこのボリス、数学にかけては天才的な頭脳を持っているらしく、ソ連では飛び級につぐ飛び級の結果、十五歳の時すでにソ連最高の難関であるモスクワ大学を受験していた。しかし、入試の結果はなぜか不合格。ボリスの説明によれば、「そりゃ、ぼくがユダヤ人だからに決まってるよ」とのこと。彼の母親が一家そろってソ連を出てアメリカに移住しようという決心を最終的に固めたのは、この時だったという。「私たち親は先がないからたいていのことは我慢して暮らしていけるけれど、子供たちの未来まで奪われてしまうのをほっておくわけにはいかないでしょう」と、後で彼女はぼくに雄弁に語ったものだ。これは、子供の教育に熱心に打ち込み、形骸化している家長＝夫の権限のかげで一家の采配を実質的にふるうという、典型的な〝ユダヤの母〟であり、日本の教育ママとは迫力が違うとつくづく思い知らされた。実際、ボリスの父親は、移住に関してはおっくうで、あまり気が進まなかったらしい。そんな夫も、いっしょにソ連を出る気がないのなら離婚しましょうとまでいう妻に言いまかされ、ついに一家そろってアメリカに移住というはこびになった。一家とは、七十過ぎのボリスの〝バーブシュカ〟（おばあちゃん）、四十代後半の両親、それにボリスとオーシャの双子の兄弟（出国当時十五歳）、三歳年下の妹ガーリャの、あわせて六人の家族である。長い旅の後無事ニューヨークに定住することになったこの一家は、順調にたくましく新しい生活を開始する。もとソ連で数学教師だった母はコンピューターのプログラミングの職を得、まだ元気なおばあちゃんは家を守る。ボリスとオーシャはニューヨークに着いてすぐ、特別なはからいにより名門校コロンビア大学に入学を許可され、ともに数学を専攻する。妹のガーリャはアメリカのハイ・スクールに通い、数年後にはやはりコロンビア大学にはいって応用数学（コンピューター）を専攻。少々問題だったのは父の再就職で、ソ連では地質学関係の専門知識を活用できるかなりいい仕事についていたらしいのだが、アメリカでは英語が不得手ということもあってなかなか満足のいくような専門職が見つからなかった。しかし、その彼も数年のうちには、まずまずの仕事を得て本格的に働きはじめることになる。

さて、こんな具合にボリスの一家の年代記は続いてゆくのだが、ユダヤ移民のサクセス・ストーリーを書くことを目的にしているわけではない。移民が新しい環境の中で新しい言語を修得してゆく（あるいは、してゆかない）過程を考える場合、ボリスの一家のケースがかなりおもしろい材料を提供してくれるので例として挙げてみたまでのことである。アメリカに来てから五年あまり、もう市民権も取って立派な〝アメリカ人〟になりました、という段階でのボリスの一家の英語能力を診断すると、だいたい次のようになるだろうか。まず、おばあちゃんの英語力はほとんどゼロのまま。高齢で外出もしないので、上達のしようがないし、そのための努力をする気力もない。母親はロシア語訛が強く、語彙も豊かではなく、文法的な間違いも多いが、かなりがんばってしゃべろうとする。おしゃべり好きな性格が有利に働いているようだ。職場での日常生活は充分にやってゆけるだろう。父親は、無口な性格が災いしてか、母親に比べてもだいぶ下手。もっとも、元来専門知識を持つ知的な人間なので、会話が特に下手ではあっても、読み書きの能力はもう少し高いかもしれない。いずれにせよ、英語圏で生きてゆくのは少々辛そうに見える。ボリスとオーシャの二人は、アメリカに着いてコロンビア大学にはいったばかりのころは英語がよくわからないで困ったらしいが、二、三年のうちに英語のネイティヴ・スピーカーなみの流暢さを身につけ、大学も楽々と優等で卒業。いまでも話す英語にはかなり強いロシア語訛があり、おそらくそれは一生消えないだろうが（たとえば、キッシンジャーのドイツ語訛の場合もそうである）運用能力に関する限りほぼ完璧なバイリンガルになっている。専門の数学について考えたり、論文を書いたりする時はむしろ英語のほうが楽なくらいで、娯楽としてはロシア文学をロシア語で読んだり、アメリカのSFを英語で読んだりする。妹のガーリャはいちばん自然で訛のほとんどない英語を身につけている。もちろんロシア語も自然に話せるから、会話に関するかぎり兄よりもさらに理想的なバイリンガルといえる。ただし、高等教育は英語でしか受けていないので、専門的なことを考える場合は英語だけになる傾向にある。

こうして、ボリス一家の三世代は、外国語修得能力に関してもみごとなくらいはっきりと三つの異なったレベルを代表しており、その際、年齢がかなり決定的な要素になっていることがよくわかる。ボリスや妹のガーリャの例からもわかるように、十代で外国に移住して来た場合、その環境の変化に適応できるだけの知的柔軟さがあれば、言語の修得は順調にゆく。しかし、中年の場合はかなり辛く、場合によっては絶望的でさえある。もちろん、外国語の修得にはいろいろな条件がともなうのでいちがいには言えないが、なぜ多くのロシア人が英語と悪戦苦闘するのかを考える際には、年齢だけでなく、母語と目的となる外国語の間の隔たりも考えなければならない（ボリスの一家は前にも書いた通りユダヤ人だが、ロシア語だけを母語とし、他の言語を併用する習慣をソ連国内で持っていなかった以上、ここでは語学的に〝ロシア人〟として扱っておく）。つまり、ロシア語と英語が言語としてどのくらい隔たっているのかという問題だが、その隔たりが大きければ大きいほど、ロシア人にとって英語の修得は困難になる。大局的に見れば、ロシア語といえどもインド＝ヨーロッパ語族の一員だから、英語とは遠い親戚関係にあるわけで、日本語よりはるかに英語に近いとはいえるが、ドイツ語やフランス語と比べた場合、英語からずっと隔たった所に位置していることも確かである。したがって、英語を修得しようとする際にドイツ人やフランス人ならば感じないような困難を、ロシア人と日本人が共通して感ずるという現象も起こってくる。たとえば、定冠詞・不定冠詞の"the"と"a"の使いわけだが、ロシア語には日本語と同様、冠詞が存在しないので、当然、ロシア人はたいへん苦手であ

НОВОЕ РУССКОЕ СЛОВО

NOVOYE RUSSKOYE SLOVO, 519 8th AVENUE, N. Y., N. Y. 10018. СРЕДА 21 МАЯ 1986 ГОДА VOL. LXXVII № 27.102 WEDNESDAY, MAY 21 1986 СТАРЕЙШАЯ РУССКАЯ ГАЗЕТА В МИР ВЫХОДИТ С 1910 ГОДА PRICE 40¢

ЕЛЕНА БОННЭР: «АМЕРИКАНЦЫ НЕ ХОТЯТ ВОЙНЫ»

АНДРЕЮ ДМИТРИЕВИЧУ САХАРОВУ — 65 ЛЕТ

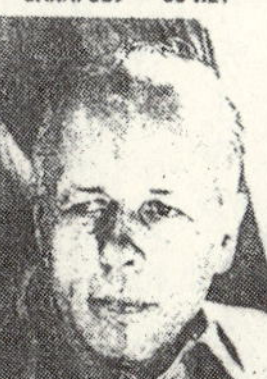

ЮРИЙ ДУБИНИН — НОВЫЙ СОВЕТСКИЙ ПОСОЛ В США

ПРЕЗИДЕНТ РЕЙГЕ ПОЧТИЛ ПАМЯТЬ ПОГИБШИХ ОТ ГОЛО

НОВОЕ РУССКОЕ СЛОВО-Russian Daily-NOVOYE RUSSKOYE SLOVO

classified

(212) 594-3202, (212)

РАЗНОЕ РАЗНОЕ РАЗНОЕ РАЗНОЕ РАЗНОЕ REAL E

New World Brokerage Inc.
ВСЕ ВИДЫ СТРАХОВАНИЯ. ЭКОНОМИМ ДО 25%.
Auto • Business • Home • Apartment • Taxi • Black Car • Livery • Limousine
ОПЛАТА ПОМЕСЯЧНО
231 Brighton Beach Ave., Brooklyn, N. Y. 11235

Kings Insurance Brokers, LTD.
ВСЕ ВИДЫ СТРАХОВАНИЯ. НИЗКИЕ ЦЕНЫ.
АВТОМОБИЛИ МАГАЗИНЫ РЕСТОРАНЫ
ДОМА ФАБРИКИ БЕНЗОКОЛОНКИ
КВАРТИРЫ ТОВАРНЫЕ СКЛАДЫ IMPORT-EXPORT
СТРАХОВАНИЕ ТАКСИ И ЛИМУЗИНОВ.
Autoliability $50.000 — $100.000.
929 King's Hwy (2-й этаж). Brooklyn, N. Y. 11223.
Тел. (718) 376-3700.

ВСЕ ВИДЫ СТРАХОВАНИЯ

LICENSED
First Brighton Legal Public Bureau
Hebrew, Spanish, English, French.

EASTERN BROKERAGE.
7 Brighton First Road.

ЭЛЕКТРИК

Y & S SECURITY SYSTEMS CO.

Оптовая база
БОЛЬШИЕ РАЗМЕРЫ

（上）ニューヨークのロシア語新聞『ノーヴォエ・ルースコエ・スローヴォ』（『新しいロシアの言葉』、なぜかニューヨークで出ているロシア語新聞はみな“新しい”がつく）
（中）アメリカのロシア語新聞の広告欄。英語とロシア語が混在している。
（下）カリフォルニアのロシア人コミュニティのためのガイドブック

る。実際、亡命ロシア人の学者がアメリカで英語で書いて出版する論文や本の中には、"the"と"a"の使い方に関してかなりいい加減なものが紛れ込むことがある。ぼくも読んだことのあるソビエト文学の研究書などは、冠詞の使い方が目茶苦茶なうえ、構文上も意味のとれない箇所が多く、学会誌上でアメリカの学者に「こんな英語が活字になるなんて、編集者はいったい何をやっているんだ」とあきれられる始末だった。

発音の面に目を向けても、日本人と共通の悩みはかなりある。たとえば"th"の子音(発音記号で[θ]や[ð]にあたる音)は、ロシア語にないため、ロシア人にはきわめて困難である。アメリカ人のロシア文学者リチャード・ルーリエの観察によれば"thirty - three thousand"はロシア人にとってちょっとした悪夢だそうで、たいていの場合、結果は"tirty-tree tousand"か"firty-free fousand"になってしまうという。これにはじつは、ぼく自身も参ったことがある。アメリカに住んでいたとき、ある亡命ロシア人女性の文芸批評家に電話して住所を聞かなければならないことがあったのだが、彼女がかなりの高齢で英語の発音がひどく悪いところへもってきて、その住所が(後からわかったことだが)たしかThirston Streetとかいう通りだったので何度聞き返してもはっきり聞きとれず、立ち往生してしまったのである。

母音の体系に関しても、ロシア語は日本語と少々似たところがあり、基本的にはア、イ、ウ、エ、オの五音しかないので、英語の複雑な母音の発音にロシア人は目を白黒させることになる。たとえば、ロシア人は"Oh, no!"などという時に現われる鋭い二重母音の［ou］を苦手とし、たいていの場合、日本人と同じようにそこを長母音の「オー」［oː］ですませてしまう。だから、ロシア人が"O. K."と言うとき（ところでなぜか、英語を話すロシア人にはアメリカ人以上に"O. K."を連発する者が多い）、その発音は［óukéi］ではなく、日本語化した「オーケー」に妙に近いものになる。また、これはやはりリチャード・ルーリエの観察だが、あるロシア人がレストランにはいって"Sveetanloh"をくれと言ってウェイターを困らせたことがあるという。ロシア人が何度その単語を発音してもウェイターには通じず、結局最後にロシア人が「砂糖じゃなくて、Sveetanloh が欲しいんだ」と言ったので、それが Sweet-and-low（アメリカで広く使われている低カロリー合成甘味料の商品名）のことだとウェイターもやっと察することができたのだった。

ところで、ロシア語独自の発音規則に合わせて英語の発音が変わってしまうこともしばしば見うけられる。たとえば、これはハーバード大学のラント教授が書いたロシア語の文法書で指摘されていることだが、ロシア人は"Let's go"を「レッヅ・ゴー」［ledzgou］と発音する傾向にあるという。ロシア語には子音の同化という現象があって、有声子音の前にくる無声子音は有声化するという規則があるためである。また、それとは逆に、語末の有声子音は無声化するという規則もあって、ロシア人はこれをつい無意識に英語の単語にも適用してしまうので、ときどき妙な誤解が生じたりする。たとえば"fog"はロシア式の発音では"fok"（フォック）になってしまい（語末の［g］が［k］にかわる）、例の"四文字語"fourletter wordを不必要に連想させることになる。

こんなわけで、アメリカに住んでいる中年過ぎのロシア人の大部分は、英語に苦手意識を持っていると言えるだろう。英語がろくにしゃべれなくともそれなりに暮らしていけるというのがアメリカという国の不思議なところだが、やはり言葉がまともにできないのは悲しいと思わせるようなことも時にはある。一九八四年の夏、あるロシア人がニューヨークで黒人の警官に理由もなく射殺されるという事件があり、ロシア人コミュニティの憤激をかったが、この事件のとき現場にいた被害者の妻（やはりロシア人）は「マイ・ハズベント・キルト！　マイ・ハズベント・キルト！　プリース・ヘルプ・マイ・ハズベント！」と叫ぶのがやっとだったという。この英語の稚拙さと切実さは、夫を失った彼女が子供をかかえてこれから直面しなければならないアメリカ生活の厳しい現実を考え合わせると、どうにもやりきれないほど哀れである。

中公文庫版への付記

　ボリスはハーバードであっという間に博士号を取得し、アメリカのどこかの大学に就職してケンブリッジを去り、消息も途絶えた。いま、彼はその後どうなったのかなと思い、ネットで検索すると、比較的珍しい苗字だということもあり、簡単に見つかった。彼は、テンプル大学の数学の教授として長いこと教鞭をとっていた。神童の華麗な経歴と言うにはやや地味な感じもするけれども。彼の数学の業績については、ぼくにはまったく理解できない。おーい、ボーリャ、君は今でもロシア訛りの強い英語を話し続けているのかな。ロシア語は忘れていないかい。

英語が亡命ロシア文学を浸蝕する

前章で書き忘れてしまったことだが、ソ連からアメリカに移住して来た十五歳のボリスがニューヨークの大学で初めて出会った数学の先生は日本人で、その英語の発音があまりよくなかったため、これから英語を身につけようと張り切っていたボリスはだいぶ戸惑ったらしい。もっとも、アメリカでは大学教師の英語が少々怪しげだなどという話はざらにあるので（こういうぼくも、じつは一時アメリカでロシア文学を教えていた）、驚くにはあたらない。ボリスの先生にしても、数学の専門的な討論は充分にこなせるだけの立派な英語力を身につけていたにちがいないが、おそらく日本人訛が抜けていなかったのだろう。実際問題として、外国に数年、あるいは数十年住んだからといって、訛のないきれいな外国語が身につくとは限らない。むしろ、ぼくがアメリカで見聞きした例は、その逆を示していることが多かった。特に外国人の学生や学者の多い一流大学では、訛の強い妙な英語に対してもある程度寛容なので、そういう所で教鞭をとる外国人は、教育や研究のために必要なコミュニケーションに支障のない限り、自分の英語の訛を矯正しようとは思わないだろう。いや、訛というものは大人になってからでは、いくら直そうとしても直るものではない、と言ったほうが真相に近いだろうか。そういえば、数十カ国語に精通していたロシア生まれの天才的言語学者ロマン・ヤコブソンについて、シービオクという記号学者がたしかこんなことを言っていたはずだ――「私の知る限り、彼は少なくとも九カ国語を完璧に話すことができた。しかし、その九カ国語はすべてロシア語だった」。この評言がヤコブソンの語学力を貶(おとし)めるものでないことは、もちろんである。また、ある時ぼくは、英・露二カ国語を自由に操るバイリンガル作家として名高いウラジーミル・ナボコフについての珍しい記録映画を見る機会に恵まれた。ナボコフの英語が訥弁であることは彼のインタビュー集 *Strong Opinions* などを読んで知っていたのだが、彼が英語を話すところをこの映画で初めて聞いたとき、ぼくは思わず自分の耳を疑ってしまった。彼の英語は訥々としているだけではなく、ロシア語訛が強かったので、とても華麗な言葉の魔術師が話しているところとは思えなかったのだ。同様のことはポーランド出身の英語作家イェジィ・コシンスキ（コジンスキー）についても言える。彼は、ウォーレン・ビーティ監督の映画『レッズ』にジノヴィエフというユダヤ系ロシア人政治家の役で出演しているので、その英語の訛がいかに強いか（もちろん、あの英語は彼の地である）、記憶している人も多いだろう。

このように、訛は直らない、大人になってからでは外国語は（少なくとも話し言葉は）完璧には身につかない、という現実があるのは確かだが、他方では、外国生活をしていると外国語が自分を取り巻く環境の一部としていやおうなしに侵入してくるという面も見逃してはならない。その侵入は、自分を取り巻くさまざまな realia（現実の事物）の名に始まる。やがてそれは簡単な間投詞（“oups !”〔ウプス〕とか“ouch !”〔アウチ〕とか）や挨拶の言葉などに広がってゆき、最後には母語のシンタックスにも及ぶ。この結果出てくるのは、妙に中途半端で宙ぶらりんの状態である。自らの母語の〝純粋さ〟は外国語によって知らず知らずのうちに浸蝕されてゆくのだが、そうかといって母語にかわるものとして完璧な外国語が身につくわけではないからだ。このような状態に対して最も敏感で傷つきやすいのは、やはり言葉を専門とする作家や詩人のようだ。複数の言語を駆使することで知られるナボコフでさえ一九二〇年代には、ベルリンで自らのロシア語の純粋さを守るためにドイツ語に接触することを避けるようにして暮らす時期があったという。こうして彼は、周囲のドイツ語が話される環境からの完全な孤立という「著しく不利な状況を、精妙な防御手段に転じ」ようとしたのだった。

この点に関して、現在アメリカに住む亡命ロシア人作家たちはどうだろうか。アメリカ社会との交流をほとんどいっさい絶ってヴァーモント州の山中にこもっているソルジェニツィン（一九一六－二〇〇八。一九七四年にソ連から追放され、一九九四年までアメリカで亡命生活を送った）のような作家は極端な例外で、多くの作家はニューヨークのような大都会に住み、英語の浸蝕を絶えず受けながら創作を続けている。もっとも、その際、英語が必ずしも彼らにとって脅威となっているとは言えず、多くの場合、英語はむしろ積極的に取り入れられて、ロシア語を〝異化〟する有力な手段になることすらある。こうして、ロシア語と英語の混ざりあった一種のマカロニ（混成）言語が登場することにもなるのだが、トルストイの『戦争と平和』がいきなりフランス語の会話で幕を開けることを思えば（つまり十九世紀前半のロシアでは、フランス語が多くの貴族の日常語だった）、現代の亡命作家たちの混成言語もそれほど特異なものとは言えないかもしれない。

たとえば、エフライム・セヴェラ（一九二八－二〇一〇）というユダヤ系のユーモア作家がいる。ブライトン・ビーチに住み大衆作家としてローカルな人気を博している彼は、ソ連の中でも複数の言語がいりまじった地域で生まれ育っているため、外国語に対して柔軟な姿勢を持っており、英語も自分の小説の素材となるアメリカ現代風俗の一環として比較的気楽に受け入れてしまっているようだ。リトアニアのヴィリニュスを舞台にした以前の彼の短篇集『幸福への道』ではユダヤ人たちが、ロシア語、リトアニア語、ポーランド語、イディッシュ語などの混ざった「共通マカロニ語」を駆使するが、現代アメリカを舞台にした最近の作品では風俗を表現するのに欠かせないさまざまな英単語が次々に現われる。最新長篇『トヨタ・カローラ』（一九八四）では、たとえばアメリカ人の女主人公マイラとロシア人のオレーグの間で次のような言葉がかわされる。


「あなたみたいな人、何ていうか知ってる？」

「さあ、もしよかったら教えてくれないか」

「アメリカじゃあね、メール・ショーヴィニスト・ピッグ（мэйл шовинист пиг）って言うのよ。ロシア語でも、これと同じような言い方があるかしら？」

「いや、ロシア語じゃあそれは、バラバラで一緒にしにくい単語を寄せ集めただけみたいに聞こえるね。мужчина（男）、шовинист（ショーヴィニスト）、свинья（豚）ってわけ」


実際、アメリカ生活の中で頻繁に使われる普通の単語であってもロシアに存在しないため、ロシア語で言い表わすこともできないものはずいぶんある。いま引用した箇所では、〝メール・ショーヴィニスト・ピッグ〟という概念が、男性中心できわめて保守的なソ連社会ではまだ存在していないので、当然ロシア語に翻訳することも不可能ということになり、英語の単語がそのままロシア文字で表記されている（日本語におけるカタカナ英語のようなもの）。そういえば、ロシア語になりにくい英単語としてよく引きあいに出されるのは「プライヴァシー」で、口の悪い連中はソ連にはそんな概念がそもそも存在する余地がないからだと言いたがるが、しかしこの単語が訳しにくいということでは他のヨーロッパ語や日本語への場合も同じだろう。

さて、どうせロシア語に訳せないならば、いっそのこと英語のまま使ってしまえ、という方針も当然ありうるわけで、それを実行に移した例としては、ワシーリイ・アクショーノフの『紙の風景』（一九八三）という長篇がある。アクショーノフといえば六〇年代にソビエトで青春文学の旗手として活躍した作家だが、一九八〇年に亡命、その後ワシントンDCに住んでいる（二〇〇九年にモスクワで没）。『紙の風景』はソ連を出てアメリカにやってくるロシア人を主人公とした小説で、結末はニューヨークという設定になっているが、現代アメリカ文学に通じ、アメリカの風俗を愛するアクショーノフの作品だけあって、主人公がアメリカに渡ってからは英語がしきりに使われている。その使用範囲はタックス・ディダクタブル（такс-дидактибл<tax-deductible）、ソーシャル・セキュリティ・ナンバー（соушел секьюрити намбер<social security number）、グローサリ・ストア（гросери стор<grocery store）のようなアメリカの日常生活に欠かせないrealiaに始まって、「ジャ

スト・ファイン、テリフィック！」（Джаст файн, терифик！<Just fine, terrific！）のような一種の挨拶や、「ケツの穴」（ассхолы<ass hole おもしろいことにこれはロシア語化して、複数の変化形で現われる）のような罵倒語に及び、さらには会話全体がまるまる英語で行なわれる箇所にまで至る。

　最後にもう一つ、ニューヨークの英語の realia が小説の言語を全面的に浸蝕している過激な例として、エドゥアルド・リモーノフの長篇『ぼくはエージチカ』（一九七九）を挙げておこう。これは作者の分身の「ぼく」すなわちエージチカのニューヨーク彷徨の物語で、大胆な性描写と卑猥な言葉の多用によってロシア語読書界のスキャンダルとなったものだが、語学的な立場からは何よりもまず英語とロシア語の言語接触の好例として興味ぶかい。ここでは、「ファッケン・シット」（факеншит）といった「汚い」英語がそのまま訳されずに出てくるのはもちろんのこと、都会、地下鉄、パーティ、ルームメイト、ハイ・スクールといった単語までがすべて英語のまま用いられている。つまり「都会」はロシア語の город のようなしけたものではなく大都会ニューヨークに相応しくシティ（сити<city）と呼ばれなければならず、「地下鉄」はソ連にある「メトロ」（метро）ではなく、やはりサブウェイ（собвей）、またパーティもアメリカ式である以上、ロシア語の вечеринка では感じが出ないから парти（<party）でなければならない、というわけなの

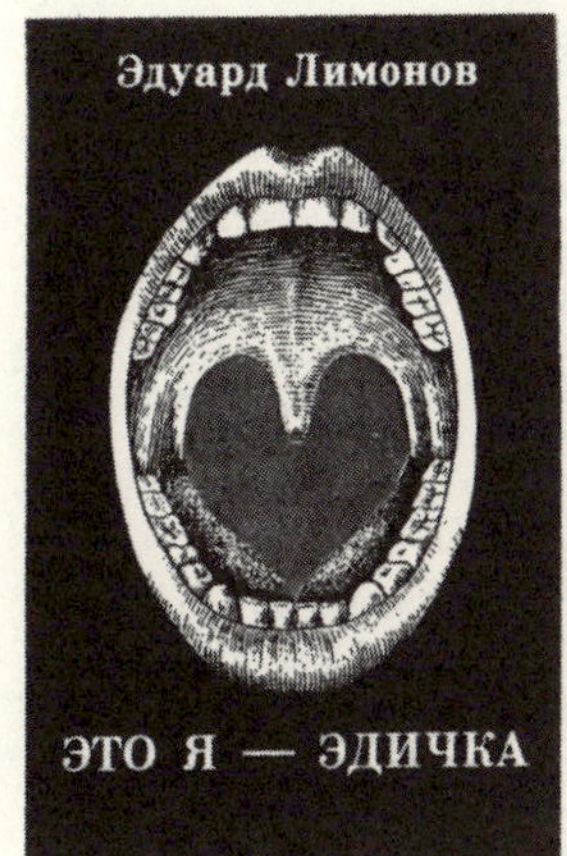

（右）エドゥアルド・リモーノフ『ぼくはエージチカ』英訳のカバー
（左）同書ロシア語原著（1979、ニューヨーク）

だ。そして、この小説ではHave a nice day！の直訳としてИмейте прекрасный день！というような通常ロシア語として許容されない文まで登場し、英語による浸蝕はついにロシア語の構文にまで及んでくる。

このような「くずれた」ロシア語に眉をひそめる保守的なロシア人も多いが、しかし外国語との接触によって新しい言語表現の道がひらけるということは、亡命文学に与えられた大きな可能性でもある。もっとも、それは亡命作家がロシア語やロシア文学を捨て去ってアメリカに同化するということではまったくない。やはり亡命ロシア人で現在アメリカに住む詩人のヨシフ・ブロッキー（一九九六年一月二十八日没）は、あるとき「異国に暮らしながら母国語で書き続ける詩人として何を感ずるか？」と尋ねられて、「まったく何も感じないね。ロシア文学はいつでもぼくのいる所にある」という趣旨の自信に満ちた返事をした。また彼は外国語としての英語について、こうも言っている――「外国語で書くことほど楽しいことはないよ。だいたい、なぜ〝外国語〟だなんて言う必要がある？　二ヵ国語を使うことくらい、当たり前だと思うね。ロシアじゃ昔はいつでもそうだったし、古き良き時代には。もっとも、詩を二ヵ国語で書くのは不可能だけれど……」抜群の英語力を誇るブロッキーの言葉が他の亡命作家たちにそのままあてはまるとは考えられないが、文学におけるバイリンガリズムがどのようにして可能か（あるいはどのようにして不可能か）という問題がここできわめて現実的な形で提起されていることは確かなようだ。

がんばれ、イディッシュ語

一九八四年の夏、ボストン近郊に住んでいたころの話だが、ほんの少しだけ時間の余裕ができたことがあって、以前から興味のあったイディッシュ語（Yiddish）をアメリカのユダヤ人たちにまじって勉強する機会を得た。〝アシュケナージ（ム）〟と呼ばれる東欧系のユダヤ人の言語であるイディッシュ語をいまだに母語とする人口は、ユダヤ系総人口六百万をかかえるアメリカ合衆国内に五十万人ほど残っていると推定される。その他、ロシアやイスラエルにもイディッシュ語を話すユダヤ人はかなりいるので、世界のイディッシュ語人口は三百万から四百万にのぼるものと見積られ、それはけっして無視できるような小さな数字ではない（現在の話者数については、本章末の付記を参照）。しかし現実にはイディッシュ語はさまざまな歴史的理由のためいまでは衰退の一途を辿りつつあり、ユダヤ人にもあまりかえりみられなくなってきている。アメリカに住みイディッシュ語を母語とするユダヤ人の大部分はじつは、それ以外に英語・ロシア語・ポーランド語などの一つもあやつる二カ国語併用者（バイリンガル）で、そのうえこういうユダヤ人はだいたいのところ高齢者に限られている。その子供や孫の世代となると、アメリカ社会に（少なくとも言葉の面で）同化するのが第一だし、そもそも昔のゲットーの暗い歴史と密接に結びついたイディッシュ語文化をなにもいまさら勉強する必要はない、という考え方が主流になってくる。理由はどうであれ、ともかく現代アメリカのユダヤ人の若い世代の中で、イディッシュ語をきちんと解する者など皆無に近い、ということは事実である。たとえば、アメリカのユダヤ系作家フィリップ・ロスの出世作『さようなら、コロンバス』（一九五九）を読んでいると、主人公ニールとその恋人の父パティムキン（どちらもユダヤ人）の間の会話に、現代ユダヤ人社会におけるイディッシュ語の位置を端的に示すようなやりとりが挿入されていることに気づく。

パティムキン「奴には商売っ気ってもんがない。理想主義者だからな……いや、それだっていいんだがね、学校の生徒とか、あんたみたいに、ほら、学生なんかの場合にはな。ところが商売にゃ、少々ゴニフ（gonif）根性がいるんじゃよ。ゴニフって、何のことか、わかるかね？」

ニール「泥棒のことでしょう」

パティムキン「うちの子供たちより、よく知っておるな。うちの子たちときたら、まったくゴイム（goyim）みたいなもんでね。ゴイムなみにしか、わかっとらんのだよ」

ここでgonifというのはニールがきちんと答えている通り「泥棒」の意味、そしてgoyimとは、ユダヤ人から見た「非ユダヤ人」の意味（多少軽蔑の念のこもった言い方で、英語では普通gentileと言う。なお、goyimはヘブライ語的な複数形で、単数ならばgoy（ゴイ）となる）で、どちらもヘブライ語に由来するイディッシュ語のよく使われる単語である。この一節から推測できるのは、成功した商売人パティムキン氏の子供たちはどうやらイディッシュ語などに見向きもしたがらないらしいということである。

現代アメリカ社会でのイディッシュ語の地位はざっとこの程度のものだが、そこまでイディッシュ語が若い世代のユダヤ人から遠いものになってしまうと、逆に忘れかけられた自分たちの文化遺産としてそれを勉強し直そうという動きも一部には出てくる。そういった動きを反映して、現在アメリカでは大学を初めとしてさまざまな組織がイディッシュ語の講座を設けるようになっているようだ。ちょうどボストンでもアダルト・エデュケーション・センターという市民講座団体がイディッシュ語入門講座を常設していたので、ぼくも夏に暇ができたとき、ほんの六〇ドルばかり払ってその講座にせっせと二カ月ほど通うことにしたのだった。

最初に受講の申し込みをしに行ったとき、「イディッシュ語のコースを取りたいんだけど」と言うとさすがにびっくりされ、その次に第一回の授業に行ったときは受付で「Yiddishの教室はどこですか」と尋ねると、「English じゃないの？」と聞き返されるなどということはあったが、珍しがられるのは覚悟のうえだったので、気にはならなかった。このイディッシュ語講座を担当した先生は、デイヴィド・マイゼルというアメリカ育ちの若いユダヤ人で、年のころは三十少し前といったところか。みごとなひげをはやしいかにもユダヤ人然とした顔だちで、イディッシュ語も流暢に話すが、もちろんそれは勉強して覚えたものであって、彼にとっての母語は英語である。たいへん熱心な先生で、イディッシュ語関係の特別な催し物を企画してはぼくにもちょくちょく電話で知らせてくれた。二、三回目くらいの授業の時だったか、ぼくが覚えたてのヘブライ文字で「イディッシュ」と大書したノートを教室に持って行くと、それを目ざとく見つけた彼はさっそくぼくのノートを取り上げ、「ほら、ミツはもうこんなに上手にイディッシュが書けるようになった」と言いながら教室中に見せて回ったものだが、これには少々赤面させられた（イディッシュ語のアルファベットはヘブライ文字を用い、ヘブライ語と同様、右から左に書く）。

同級生は全部で七、八人いたが、全員ユダヤ系女性で、二十歳にも満たないような可愛い女の子から貫禄のある中年のおばさんまでさまざまだった。その中の一人は、両親がロシア系ユダヤ移民の一世で、彼らの話すロシア語とイディッシュ語を聞きながら育っていたが、他の人たちの場合、生のイディッシュ語を聞いた経験は非常に限られていて、イディッシュ語の知識もそれこそパティムキン氏の子供たちなみである。面白く感じられたのは、ぼく以外の受講者全員が女性だったということで、どうしてだろうかと聞いてみると、「そりゃ、男は普通言葉になんか興味を持たないからよ」という答えがたちどころに返ってきた。ユダヤ人の男性が言葉に興味を持たないというのは明らかに暴論だろうけれども、イディッシュ語が「女の言葉」だという考え方には歴史的な裏づけがある。ユダヤの古来の伝統によれば、ユダヤ教の教典の言葉であるヘブライ語を学ぶことができるのは男だけで、ヘブライ語は「父の言葉」とか「聖なる言語」(loshen-ha-kodesh)と考えられていた。したがって、ヘブライ語を知らない東欧のユダヤ女性が子供たちと話すとき用いるのはもっぱらイディッシュ語で、それはユダヤ人の口語として母‐子の系列によって受け継がれ、「母の言葉（マメ・ロシェン）」(Mame-loshen)と呼ばれるようになったのである。つまり、「ロシェン」というのはヘブライ語起源のイディッシュ語で「舌、言葉」の意味だから、「ママ・ロシェン」と言えば本来「母語」を意味するだけのはずだが、それが「イディッシュ語自体」をも意味するようになったのだった。バーブラ・ストライサンド主演で映画化された物語

『イェントル』（アイザック・バシェヴィス・シンガー原作）の女主人公がヘブライ語の本を読んで向学心を満たしたいがために、ついには男装までしてユダヤ神学校（yeshiva）にもぐり込んでしまうというのも、こういう背景を知ると納得がいく。

ところで、ボストンはユダヤ系の人口のかなり多い町で、近郊にはユダヤ系の老人だけを集めた巨大なマンション群（むしろ団地といったところか）まであるのだが、この団地にはイディッシュ語を母語ないしそれに準ずる言葉として話す老人たちもかなりたくさん住んでいて、〝イディッシュ語サークル〟を作って活動しているほどだった。ぼくのイディッシュ語の先生ディイヴィドは、このサークルでもちょっとした顔で、何度もぼくたちをこの老人サークルの集いの場に連れて行ってくれたものだ。初めて行くときは、少々緊張した。老人たちのことだから、日本人のような余所者の姿を見たら「おもしろ半分で来たにちがいない」などと思い込んで気を悪くするのではないか、という危惧の念があったからだ。

だが、そんな心配は、このサークルのにぎやかな集会室に足を踏み入れたとたんに吹きとばされてしまった。陳腐な言い方をすれば、行く先々で迫害され、苦難の道を歩んできたはずのこの老人たちは、思いがけずじつに陽気で、健康な好奇心をむき出しにしてぼくを歓迎してくれたのだ。彼らの好奇心を満たすためにぼくは立ち上がり、数十人ものユダヤ人を前にして自己紹介をしなければならない羽目になったのだが、すっかりあがってしまってしどろもどろのぼくの英語に対して（ぼくの付け焼き刃のイディッシュ語では挨拶をすることなど思いもよらなかったから）、皆やんやの喝采をしてくれた。歌のうまい女性の一人などは、ぼくがロシア語やポーランド語を専門に勉強していることを知って、わざわざぼくのためにロシア語でロシア民謡の「黒い瞳」を歌ってくれたほどだ。日本人でイディッシュ語を勉強するのは、歴史始まって以来、ぼくが最初ではないか、などという大袈裟なお世辞（？）を言ってくれる人もいた（もちろん、これは間違いで、日本にもイディッシュ語をきちんと修められているすぐれた学者が少なくとも何人かはいる。最近では、上田和夫氏による『イディッシュ語文法入門』（大学書林、一九八五）というたいへん立派な文法書まで出版されているので、興味のある方はぜひこの本を見ていただきたい）。

ぼくにしてみれば、ほとんど死に絶えかけているのではないかと勝手に考えていたイディッシュ語で陽気に議論し、歌を歌い、一口話（アネクドート）を披露する老人たちの元気な様子を目の当たりにして、ともかく感無量だったと言うほかはない。イディッシュ語を話すユダヤ人は、そもそも行く先々でそれぞれの受け入れ国の文化にある程度同化しながら生き延びざるをえない状況に追い込まれるのが常だったから、通常イディッシュ語以外に少なくとも一カ国語は話すのがあたり前だった。このこと自体、イディッシュ語文化の保持・発展のためにはきわめて不利な条件である。より〝有利〟な大国の言葉（たとえば英語とかロシア語）のためにイディッシュ語を捨てざるをえないという危険が、いつも待ちかまえているからだ。そのうえ、ユダヤ人の〝本国〟イスラエルでは復興されたヘブライ語が国語とされ、イディッシュ語はあまり尊重されていないのが現実である。『イディッシュ語の喜び』の著者リオ・ロステンによれば、こういうジョークがあるという。

テル・アビブのバスの中で、母親が小さな息子にイディッシュ語で話しかけるが、息子はヘブライ語でしか答えない。そしてそのたびに母は、「だめ、だめ、イディッシュ語を話しなさい！」と叱りつける。

この様子を見ていたイスラエル人がたまりかねて、「奥さん、いったい何だってお子さんにヘブライ語のかわりにイディッシュ語なんかを話させようとするんです？」と叫ぶと、母親の答えは——「自分がユダヤ人だってことを忘れさせないようにするためですよ」

別にヘブライ語の価値を否定しようというわけではないのだが、それにしてもこれは、現代のイディッシュ語の苦境とかけがえのなさを示す、じつによくできた挿話ではないだろうか。

中公文庫版への付記

その後、イディッシュ語話者は減り続け、二〇二一年にラトガーズ大学ユダヤ研究科が発表した統計によれば、アメリカ合衆国に二十五万、イスラエルにも二十五万、その他の地域に十万、全世界で約六十万だという。

日本ではその後、言語学者の上田和夫氏、比較文学者の西成彦氏などの仕事に導かれて、イディッシュ語・イディッシュ文化に対する認識はずいぶん深まり、直接イディッシュ語から訳された文学作品も出版されるようになった。詳しくは本書「補論・イディッシュ語について少し」の末尾（七七―八〇ページ）に掲載した基本参考文献を参照していただきたい。

イディッシュ語の喜び

前章ではアメリカのイディッシュ語学校やイディッシュ語老人クラブのことばかり書いていて、肝心のイディッシュ語がどんな言葉か説明することができなかった。イディッシュ語が東欧系のユダヤ人の母語だと言っても、一般の人はそれが具体的にどんな言葉なのか、見当もつかないにちがいない。「イディッシュ語がユダヤ人の言葉だというのなら、それはイスラエルの国語ヘブライ語とどんな関係にあるのか？」と疑問に思う読者も多いだろう。もちろん、関係はある。あまり科学的な統計とは言えないようだが、リオ・ロステンによればイディッシュ語の語彙の一八パーセントはヘブライ語に由来しているという。しかし、それにもかかわらず、この二つは日本語と英語くらいかけはなれた言語なのである。

では、イディッシュ語とはいったいどんな言語なのか？　唐突かもしれないが、たとえばこんな例を考えてみよう。ある日、突然、日本がどこかの国に占領され、日本という国が消滅してしまうとする。日本人の多くがアメリカ合衆国に逃れ、そこで移民として暮らしはじめるが、彼らはいつまでたってもアメリカ社会に完全にはとけこめず、日本人コミュニティの中で閉鎖的に生きてゆく。そんなふうにして数十年、数百年が過ぎて行ったとき、アメリカの日本人はいったいどんな言葉を話すようになるだろうか？　おそらく、英語圏で暮らしている以上、そして文化のよりどころとすべき本国日本が消滅してしまっている以上、彼らの言葉は基本的には英語に近いものになっているだろうが、その一方では、日本人コミュニティの中で閉鎖的に生きている以上、その言葉にはアメリカ人の英語とはだいぶ異なった特徴が見られるにちがいない。しかも、日本人がそんな状況の中でも先祖の文化遺産に誇りを持ち、自分たちの言葉を書き表わすのに英語のアルファベットを使うことを拒んで、かなや漢字を続けていたとしたら？　そんな数百年先、年の瀬もおしつまったある日のこと、ある日系人の男の子が、これもまた日系人の女の子をデートに誘おうと思いつく――

ゆーは、ほーじすお正月えにいぷらんはぶデスカ？　みーは、ほー歌舞伎ちけっとつーはぶンダケド、ゆー、いずみーごーいんいんたれすてっどデスカ？

少々わかりにくいかも知れないので、これを英語的表記に書き換えると――

You-wa for this Oshōgatsu any plan(s) have desuka? Me-wa for Kabuki ticket(s) two have-n-dakedo, you, with me going interested in desuka?

こんな目茶苦茶な言葉があってたまるか、などと言うことなかれ。現にハワイの日系人は、次のような日本語（？）を使っているのだ。

ユーのミセスはトーマッチヤングのお。

サム（some）人はエベリイヤ日本に行く。

あのフィーシは目がワンサイにトゥーある（あの魚は目が片側〔one side〕に二つある）。

（以上の例はいずれも、比嘉正範氏の論文「日本語と日本人社会」による。）

さて、こんな話がイディッシュ語と何の関係があるのか、そろそろ説明しないといけないだろう。イディッシュ語とは中世に（九〜十一世紀ころ）ドイツ語圏に移住してきたユダヤ人が、ドイツ語と接触しながらつくりあげた言語なので、基本的にはドイツ語に非常に近いのだが、ユダヤ人がゲットーに隔離され独自の文化を維持し、古来のヘブライ文字を使い続けたため、ドイツ語とは別の独自の言語となってしまったのである。後に多くのユダヤ人はさらに東方へ移動し、スラヴ系の言語（ロシア語、ポーランド語など）とも接触するようになったので、現在のイディッシュ語にはスラヴ起源の単語も多く含まれている。一方、元来ユダヤ人の言語であったヘブライ語は一般人の話し言葉としての地位は失ってしまったものの、ユダヤ文化に関わりの深いヘブライ語の語彙は、相当数イディッシュ語の中に保存されているのである。つまり、先に引用した珍妙な未来のジャパニーズ・イングリッシュと英語との関係は、ほぼイディッシュ語とドイツ語の関係に等しいということになる。

「しかし、英語がくずれたような、あんな珍妙な言語では独自の文化的価値など持ちえないのではないか？」と、疑問に思う向きもあるだろう。実際、ドイツ人は長い間イディッシュ語に対しそういった態度をとり、イディッシュ語を「ドイツ語がくずれてできた汚い方言」として扱ってきた。だが現実には、イディッシュ語はショレム・アレイヘム（一八五九－一九一六、『屋根の上のバイオリン弾き』の原作者と言ったほうが通りがいいだろうか）や、アイザック・バシェヴィス・シンガー（一九〇四年生まれ。これもまた、一九七八年度ノーベル文学賞受賞者と言ったほうが通りがいいだろう）といったすぐれた作家を生み出してきた、豊かな文化言語なのである。

ショレム・アレイヘムがユダヤ人にとってどんなに凄い大作家だったのか、証明する材料にはこと欠かない。たとえば、アメリカのユダヤ人作家エイブラハム・シュルマンの『イディッシュ語講師の冒険』という本を読んでいたら、ショレム・アレイヘムがドストエフスキーの権威をいとも簡単に打ち負かしてしまったという痛快な話に出くわした。

あるとき、シュルマン氏はユダヤ人の団体に招かれて、「ドストエフスキー——その生涯と作品」という重々しいテーマで講演をすることになった。ところが、会場に行ってみると、聴衆はほとんど来ておらず、会場は空っぽ、前のほうに主催者側の三人がぽつんと坐っているというありさまだった。そこで、主催者たちは、同じ建物の中の読書室にもう一人の女性がいたことを思い出し、せめて一人でも聴衆を増やそうと、彼女を呼びにやった。ところがこの女性、本を読んでいる最中だとかで、何度呼び出されても来ようとしない。業を煮やした主催者側はついに、力ずくで彼女を講演会場に連れてきてしまった。連れてこられたのは大きな本をかかえた大柄な女性で、席につくやいなやその本を広げて読みはじめた。

やれやれ、というわけで、ようやくシュルマン氏は講演を始める。ところが、である。このご婦人、本を読みながらゴリラのようにゲラゲラひっきりなしに笑うものだから、シュルマン氏は講演どころではなくなってしまう。たまりかねた主催者がこの女性に「本は読んでいてもかまわないけれど、後生だから笑うのだけはやめてくれ」と言うと、その答えは――「それは無理ですわ、ショレム・アレイヘムを読みながら口を閉じているなんて！」

というわけで、イディッシュ語とは、こんなに素晴らしい作家を生み出した言葉なのである。ちなみに、マーク・トウェインはニューヨークでアレイヘムに会ったとき、「私がアメリカのショレム・アレイヘムです」と挨拶したという。

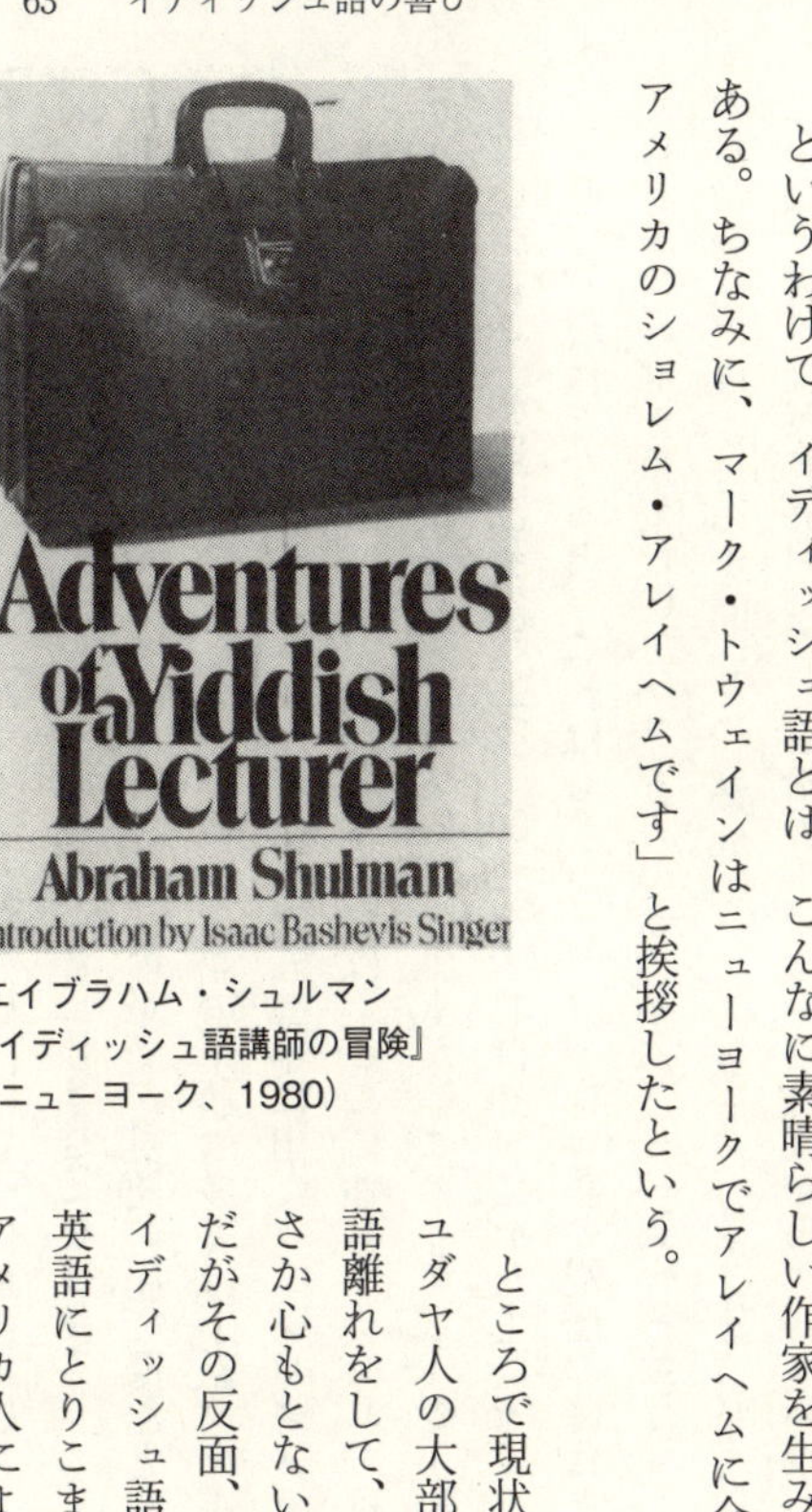

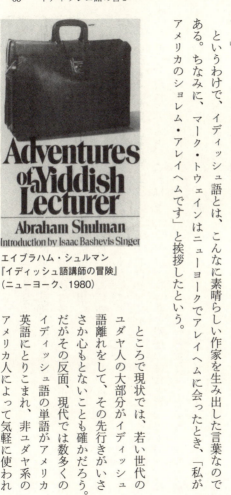

エイブラハム・シュルマン
『イディッシュ語講師の冒険』
（ニューヨーク、1980）

ところで現状では、若い世代のユダヤ人の大部分がイディッシュ語離れをして、その先行きがいささか心もとないことも確かだろう。だがその反面、現代では数多くのイディッシュ語の単語がアメリカ英語にとりこまれ、非ユダヤ系のアメリカ人によって気軽に使われるようになっていることも確かである。この傾向はじつは最近に始まったことではなく、H・L・メンケンの名著『アメリカ語』*The American Language* などを見ても、今世紀の初頭にすでにかなり多くのイディッシュ語の単語が英語の中で隠語として用いられていたことがわかる。戦後になるとイディッシュ語の単語の多くは、堂々と市民権を得て、日常会話でも頻繁に聞かれるようになる。一九五三年に出たローレンス・ラリアーの『ヤンキー・イディッシュ』という愉快な本によれば、このころもうテレビではコメディアンたちがイディッシュ語の単語を駆使していて、誰もが「このイディッシュ語という、豊かで生きのいい言葉（a rich and spicy tongue）」を少しは知っていたという。

そして、現代となると、これはもう、イディッシュ語の氾濫の時代と言ってもいい。ぼく自身も、ユダヤ系でないアメリカ人の女の子が〝フッパ〟（chutzpa）という単語を普通の日常会話にはさむのを聞いて、驚いたことがある。〝chutzpa〟なんて単語は日本ではまだかなり大きな英和辞典でないと拾っていないだろうから、わからなくて当然だが、もしもアメリカ人にその意味を聞けば、たいていこんな答えが返ってくるだろう。「chutzpa を持った男ってのは、両親を自分の手で殺しておいて、法廷で『哀れな孤児をお助け下さい！』なんてぬけぬけと言える奴のことさ。」こうなってくると、これはもう現代米語のフォークロアではないか。要するに〝フッパ〟とは、厚かましさ、厚顔無恥の意味だ。

（右）ローレンス・ラリアー『ヤンキー・イディッシュ』
（左）同書より「ヌードニク」

現在アメリカで使われるイディッシュ起源の単語には、この〝フッパ〟を初めとして、人間の性格をみごとに——時に滑稽に、時に残酷なまでに——えぐり出したものが多い。これらの単語の一つ一つが、逆境の中でもユーモアやアイロニーを失わずに人間心理の機微を見つめてきたイディッシュ文化の結晶である。その代表的なものをせめていくつか、ここで紹介しておくと——

shlimazl〔シュリマーズル〕（schlimazel）שלימזל

運の悪い人。schlimm〔シュリム〕（悪い）とヘブライ語のmazal（運）から合成された単語。ユダヤ人のフォークロアにしばしば登場するタイプで、何をやっても裏目裏目に出る。ことわざによると、「シュリマーズルが時計のネジを巻くと、その時計は止まってしまう。雨傘を売ろうとすると、日が照りはじめる。経帷子（かたびら）をつくると、人々が死ななくなってしまう」。シュリマーズルとよく似たキャラクターとしてはshlemiel（シュレミール）（schlemiel とも綴る。まぬけ、ぶきっちょ）がある。両方とも豊かなニュアンスを持つ言葉で重なる部分もあるが、よく引き合いに出される区別のしかたは、「シュレミールが熱いスープをこぼすと、シュリマーズルにそれがかかる」というもの。

nudnik（ヌードニク）（nudnick） נודניק

退屈な人、嫌な奴。ポーランド語の nuda（退屈）に由来。-nik（ニク）というのも、元来ポーランド語やロシア語の接尾辞で、人や動作主を示す。beatnik（ビートニク）という単語はソ連の人工衛星の名 sputnik（スプートニク）にならって作られたもので、この場合はロシア語起源だが、現代アメリカの文脈ではこれもイディッシュ語的に感じられる。

nebech（ネーベフ） נעבעך

哀れな人、不運な人。チェコ語の nebohý（ネボヒー）（哀れな、不運な）に由来。ネーベフはシュレミールとは違って、常に同情すべき存在。グループの中にいると、いつも紹介を忘れられてしまうような人である。「シュレミールが引っくり返したものを、いつもネーベフが片づける」とも言う。最近ではこの派生形 nebbish（ネビッシュ）が意気地なし、取るに足らないやつ、の意味でより広く使われている。

もちろん、ここに挙げたのは豊かなイディッシュ語の語彙のほんの一部だが、こんなにおもしろい単語がたくさんあっては、アメリカ英語もイディッシュ語の浸透を当分食い止められそうにない。

補論・イディッシュ語について少し

1　イディッシュ語とは

イディッシュ語とは、アシュケナージと呼ばれる東欧のユダヤ人の「母語」である。いま「母語」と書いて「母国語」としなかったのは偶然ではない。ヨーロッパのユダヤ人は、自分たちの固有の領土も、国家も持ったことがないから、当然彼らの「母語」が国家の公用語となったことも一度もなく、イディッシュ語はまさにユダヤの母たちによって子供たちへと受け継がれて行った言語なのである。ユダヤ人がイディッシュ語のことを「マメ・ロシェン」（母の言葉）と呼ぶのも、当然のことだろう。

アシュケナージの置かれた言語的状況は、きわめて複雑なものだった。彼らは、一方では聖書の神聖な言葉であるヘブライ語の伝統を受け継ぎ、他方では、自分たちの受け入れ国の言語（たとえば、ドイツ語、ポーランド語、ロシア語など）を身につける必要に迫られていたから、イディッシュ語はその両方から言わば「挟みうち」にあって、しかるべき地位をユダヤ文化の中に占めることが難しかった。つまり、イディッシュ語は、「女・子供」の話し言葉として広く使われてはいたものの、（男の）知識人のための文章語としての地位は長い間与えられなかったのである。

いま述べた特殊な事情は、もっぱらユダヤ人社会内部の問題と言えるかもしれないが、さらに問題を複雑にしているのは、イディッシュ語が元来、中世の高地ドイツ語を基層として成立した言語であるため、ドイツ語にきわめて近く、外部（特にドイツ人）からはドイツ語のユダヤ方言として片づけられることが多かったという事情である。つまり、イディッシュ語は、教養のないユダヤ人の用いる「くずれたドイツ語」と見做(みな)され、独立した言語とは認められない傾向が強かった。ドイツ人がイディッシュ語に対して取ってきたこのような態度は、ロシア人がウクライナ語に対して取ってきた態度とよく似ている。田中克彦氏の定式をかりて言えば、「ことばは近ければ近いほど差別感が生じ」るのである。

そんなわけで、イディッシュ語を「ドイツ語の一方言」とする見方が一部にいまだに残っているようだが、これは東欧のユダヤ文化に関する認識不足に由来する誤解であり、言語学的にも正しい態度とは言えないだろう。なぜならば、第一に、東欧のユダヤ人の民族的なアイデンティティを担う独自の「文化言語」としてイディッシュ語が果たしてきた役割は非常に大きく、第二に、文法その他の語学的な面から見ても、イディッシュ語はいくつかの言語（ドイツ語だけではない）の「融合」の結果形成された言語（fusion language）

であって、ドイツ語とは別個の独自の言語として扱われるだけの資格を充分備えているからである。

二〇二一年の時点で、イディッシュ語を話すユダヤ人は、世界に四散しており、その人口はおよそ六十万と推定される。一九三五年の調査によれば、世界のイディッシュ語人口ははるかに多く、総計約一千六十九万人にのぼり、その主な地域別分布は以下の通りである。

(1)東欧・中欧――六百七十七万、(2)北米――二百九十九万、(3)西欧――三十二万、(4)パレスチナ――二十九万、(5)南・中央アメリカ――二十六万。その後、この数字が急激に減少したのは、もちろん、ナチス・ドイツによる東欧ユダヤ人大量虐殺のためである。それ以外にも、周囲の環境との同化の結果、イディッシュ語を母語として用いなくなるユダヤ人も多く、現代でもイディッシュ語人口は減少の一途を辿りつつある。ソ連の一九七〇年の国勢調査によれば、ソ連国内のユダヤ人総人口二百十五万のうち、イディッシュ語を第一言語とする者は約一七パーセントだけで、しかも、それは高齢者に集中しているので、若い世代がイディッシュ語から離れる傾向にあることは明らかである。膨大なユダヤ人口を持つアメリカ合衆国でも、同様の傾向が見られる。また、イスラエルでは、ヘブライ語が国語として定められており、イディッシュ語は特に保護されていない。

ここで、「イディッシュ」という名称についても、一言触れておこう。イディッシュ（yiddish）とは、元来イディッシュ語で「ユダヤ人の」という意味であり、ドイツ語のjüdisch に対応している。したがって、「イディッシュ」を「ユダヤ語」と訳すこともあながち間違いではないだろう。実際、日常的には英語で Jewish を Yiddish の意味で使い、ロシア語で **еврейский язык**（ユダヤ語）を **идиш** のかわりに使う場合もまれではない（ロシア語では、**еврейский язык** は「ヘブライ語」の意味でも用いられるので、混乱しやすいが、「ヘブライ語」の意味で特定したいときは、**древнееврейский язык**（古代ユダヤ語）や、**иврит**（イヴリト）といった表現を用いるのが普通である）。しかしユダヤ語という名称は、世界中に離散したユダヤ人が、それぞれの受け入れ国の言語を基礎に作っていったさまざまな言語全体の総称として使われるのが普通であり、そこにはイディッシュ語だけでなく、その他スペイン語をもとにした「ジュデズモ」など、多くの言語がはいってくるので、yiddish の訳語として「ユダヤ語」は適当でなく、現在日本では「イディッシュ語」と呼ぶのが一般的になっている（ただし、「イディッシュ」はそれだけで言葉を意味する単語なので、それに「語」を添えるのは余計だという考えかたもある。「イングリッシュ」〔英語〕にわざわざ「語」をつけて「イングリッシュ語」と呼ぶようなもの、ということになるだろうか。それとはまた別の理由によるようだが、『イディッシュ』の著者、西成彦（にしまさひこ）氏もやはり「イディッシュ語」という言いかたを好まず、「イディッシュ」と呼ぶことを提唱している）。

2　イディッシュ語の特異性

これからイディッシュ語の特徴を語学的な観点から簡単に見てゆきたいが、一般にあまり馴染みのない言語なので、とりあえず例文を挙げて、具体的なイメージを得るための一助としていただきたい。

（イディッシュ語）
ייִדן זײַנען הײַנט אַ פֿאָלק פֿון דרײַצן מיליאָן.
（ラテン文字への転記）
yidn zaynen haynt a folk fun draytsn milyon
（対応するドイツ語）
Juden sind heute ein Volk von dreizehn Millionen（Menschen）
（意味）
ユダヤ人は、今日、（人口）千三百万人の民族である。

（1）文字と綴り　視覚的にもはっきりわかるように、イディッシュ語は、ヘブライ文字を用いて右から左へ読むという点が、他のヨーロッパの言語とは異質な要素として際立っているが、これをラテン文字に転記してしまえば、ドイツ語にきわめて近いことは明らかである。逆に言えば、ヘブライ文字を用いているということが、イディッシュ語をドイツ語とは別個の言語として維持するために大きな役割を果たしてきた、と言えるだろう。

元来ヘブライ語の表記体系には母音文字がないので、イディッシュ語の場合は、いくつかの工夫が加えられ、ヘブライ文字によって母音を表わすことができるようになっている。ただし、ヘブライ語起源の単語がイディッシュ語で用いられる場合は、ヘブライ語的な綴りが尊重されるのが普通である（しかし、現在のソ連では、イデオロギー的な理由のため、ヘブライ語起源の単語そのものが使われない傾向にあり、使われる場合でも綴りは合理化され、母音をすべて表わすイディッシュ語方式に切り替えられている）。

（2）発音　基本的にイディッシュ語の音韻体系は、イディッシュ語の基層となった中世の高地ドイツ語に基づいているが、スラヴ語などの影響を強く受けたため、ドイツ語に見られないような興味深い特徴がいくつか現われている。たとえば、イディッシュ語では母音の長短の区別がなく、また一つの単語内の二次的アクセントが消滅する傾向にある。

また、子音のn、d、t、z、s、lには、スラヴ語と同様に口蓋化音（軟音）があり、硬音と軟音が区別される。語頭にドイツ語に存在しないような子音結合が現われるのも、スラヴ語やヘブライ語の影響であろう。それから（スラヴ語の影響ではないが）、イディッシュ語の場合、語末の有声子音が無声化しないのも、ドイツ語に見られない特徴である。

（3）語彙　イディッシュ語が、いくつもの言語の要素が混じり合ってできた「混成言語」であるということは、その語彙の構成にもはっきり表われている。もっとも、語彙の構成を数量的に分析することはきわめて難しい。たとえば、ヘブライ語起源の語幹にスラヴ語起源の接尾辞がついてできた単語もあれば、unterzogn（暗示する）のように、形のうえでは明らかにドイツ語の untersagen（禁止する）に由来するように見えながら、意味から考えるとじつはスラヴ語からの借用翻訳である（cf.ロシア語の подсказать（暗示する））というような複雑なケースもあり、正確な統計を導き出すことは不可能に近い。したがって、リオ・ロステンが『がんばれ、イディッシュ語』の中で挙げている数字もどのくらい信頼できるか、わからないのだが、感覚的にはかなり妥当な線を提示していると思われるので、参考までに引用しておこう（おそらく重複があるので単純総計で一〇〇パーセントを越える）。

（1）ドイツ語に由来する語彙——七二パーセント

（2）ヘブライ語——一八パーセント
（3）スラヴ諸語——一六パーセント
（4）ロマンス諸語——五、六パーセント

（4）文法　イディッシュ語の文法は、基本的にはやはりドイツ語に近いが、シンタックスの面ではドイツ語のいわゆる「枠構造」がなくなった点が大きな特徴である。スラヴ語の影響は、文法にもはっきりと現われており、たとえば、名詞や形容詞の指小形(diminutive)が盛んに使われるようになったことや、動詞の体系にスラヴ語と同様の「体」(完了体と不完了体)の区別が持ち込まれたことなどは、スラヴ語の存在抜きには考えられない現象である。

（5）歴史　以上のようなイディッシュ語の特異性をよりよく理解するためには、どうしてもその歴史的背景を知る必要があるが、紙面の関係で、ここでは最小限にとどめる。イディッシュ語の起源は、中世の北フランス・北イタリアに住み、ラーズ語(ロエズ語)というロマンス系の言語を話していたユダヤ人が、十世紀ころからドイツ語圏に移住して、移住先のドイツ語を話すようになった時代までさかのぼる。その後、ユダヤ人はさらに東進を続け、十三世紀ころから、スラヴ語(チェコ、ポーランド、白ロシア、ウクライナ、ロシア語等)と接触するようになり、その影響を取り入れながら、ドイツ語とは異なった独自の言語を発展させてゆく。こうして形成されたのがイディッシュ語であり、その形成過程から容易に推察できるように、その構成要素となっているのは、基本的にはヘブライ語（正確にはヘブライ語とアラム語）、ロマンス系言語、ドイツ語、スラヴ諸語の四系統である。

イディッシュ語の形成過程の中で、スラヴ語研究者にとって特に興味深いのは、「クナーン語」という言語の存在である。これは、アシュケナージの東進の以前から西スラヴ語圏（特にチェコ語圏）に住みついていたユダヤ人が話していた「ユダヤ的スラヴ語」であり、アシュケナージの東進の結果、イディッシュ語に吸収されたものと考えられるが、その詳しいプロセスは資料不足のため、まだよく解明されていない。

以上のいささか簡略にすぎる解説からも、イディッシュ語が、ロシアや東欧のユダヤ文化を理解するためにいかに重要であり、また、純粋に語学的な見地からもいかにおもしろい言語であるかは、明らかだと思う。また、最近のアメリカ合衆国では、イディッシュ語人口こそ減少しているものの、イディッシュ語の英語への影響が強まる一方で、現代アメリカの（特にユダヤ系の）文学の理解のためにはイディッシュ語の知識が欠かせなくなっている、と言っても過言ではない。残念ながら、イディッシュ語は、実用的な言語としては将来の可能性が大きいとはけっして言えないが（いまのままでは、数世代後には口語として死滅する危険さえある）、研究対象としてあまりにも魅力的である。

主要参考文献

〈概説〉

Uriel Weinreich, "Yiddish Language", *Encyclopedia Judaica* vol. 16（Jerusalem,1971）, pp.789-798.

фалькович. Э. М., Еврейский язык (идиш), в кн.:《Языки народов СССР》, т. 1, М., 1996, стр. 599-629.

ジャン・ボームガルテン『イディッシュ語』上田和夫・岡本克人訳（白水社 文庫クセジュ、一九九六）。

〈文法書〉

Uriel Weinreich, *College Yiddish*, Fiftieth Anniversary edition（New York, YIVO Institute for Jewish Research, 2011）. 英語で書かれた「スタンダード」な教科書。初版は一九四九年、ロマン・ヤコブソンの序文付き。

上田和夫『イディッシュ語文法入門』（大学書林、一九八五）。

上田和夫『エクスプレス　イディッシュ語』(白水社、二〇〇〇)。

〈辞書〉

Uriel Weinreich, *Modern English-Yiddish Yiddish-English Dictionary* (New York, Schoken Book, 1977).

Шапиро М.А., Спивак И. Г. и Шульман М. Я. (ред.), 《Русско-еврейский (идиш) словарь》, М., 1984, 720 стр.

〈言語学的研究〉

Max Weinreich, *History of the Yiddish Language*, translated from Yiddish by Shlomo Noble (Chicago, the University of Chicago Press, 1973). イディッシュ語研究の金字塔とも呼ぶべき浩瀚な書物。

M. Herzog, W. Ravid, and U. Weinreich eds., *The Field of Yiddish: Studies in Language, Folklore, and Literature*, third collection (The Hague, 1969).

Max Weinreich, "Yiddish, Knaanic, Slavic: The Basic Relationships" in *For Roman Jakobson* (The Hague, 1956), pp.622-632.

田中克彦『言語の思想』日本放送出版協会(一九七五)、『ことばと国家』(岩波新書、一九八一)。田中氏の著作は、言語と民族・国家の関係を主に扱ったもので、イディッシュ語についてもその観点から論じられている。

〈イディッシュ文学全般〉

西成彦『イディッシュ――移動文学論I』（作品社、一九九五）は、日本人の研究者によるはじめての本格的なイディッシュ文学論として画期的な著作。

〈ソ連のイディッシュ語・文学について〉

Thomas Sawyer, *The Jewish Minority in the Soviet Union* (Colorado, 1979).

Lionel Kochan, ed., *The Jews in Soviet Russia since 1917* (Oxford University Press, 1978).

Jacob Frumkin et al. eds., *Russian Jewry 1917-1967* (London, 1969).

〈アメリカのイディッシュ語について〉

Leo Rosten, *The Joys of Yiddish* (Penguin Books, 1971).

——, *Hooray for Yiddish!* (New York, 1982).

Sol Steinmetz, *Yiddish and English: A Century of Yiddish in America* (The University of Alabama Press, 1986).

〈イディッシュ語文学の、イディッシュ語からの直接訳〉

ショレム・アレイヘム『牛乳屋テヴィエ』西成彦訳（岩波文庫、二〇一二）。

アイザック・バシェヴィス・シンガー『不浄の血　アイザック・バシェヴィス・シンガ

ー傑作選』西成彦訳（河出書房新社、二〇一三）。

『世界イディッシュ短篇選』西成彦編訳（岩波文庫、二〇一八）。

ドヴィド・ベルゲルソン、デル・ニステル『二匹のけだもの／なけなしの財産　他五篇』田中壮泰・赤尾光春訳（幻戯書房、二〇二四）。

アメリカの中のポーランド

アメリカは広い国だ。当たり前のことと言われてしまうかもしれないが、ボストンやニューヨークの雑踏にしか見慣れていなかったぼくには、その当たり前のことがなかなかわからなかった。アメリカの広さを初めて実感したのは、ボストン近郊に住みはじめてから三年ほど経ち、用事でインディアナ州の田舎に行った時のことだ。

ボストンから飛行機でシカゴへ。そこからレンタカーでハイウェイを東に向かう。目的地は百マイルほど先、サウス・ベンドという鄙(ひな)びた町にあるNotre Dame(ノートルダム)大学で、そこの老名誉教授に会うのが用事だった。サウス・ベンドの町には、予定通り昼ごろに着いた。アメリカの田舎町で大学を捜すのに、普通地図はいらない。近くまで来たら、ガソリン・スタンドか何かで道を尋ねればいい。「ああ、その大学なら、この道をずっと真っ直ぐ行けば、そのうち見えてくるよ。You can't miss it!」といった具合に、たいていあっさりと片づいてしまうものだ。

ところが、今回はそう簡単には事が運ばなかった。スポーツに疎いぼくはまったく知らなかったのだが、ノートルダム大学というのはアメリカン・フットボールでは全米有数の大学で、運の悪いことにぼくがそこを訪ねた土曜日は、フットボールの試合が行なわれることになっていたのだ。たかがフットボールの試合、などと侮ってはいけない。それはこの町にとってちょっとした行事で、交通の便の悪い田舎町のことだから、観客はみな車ではるばる遠くからやって来るのだ。ちょうど試合開始前の時間にぶつかってしまったので、四方八方から観戦に来た人たちの車で大学へ行く道は埋め尽くされ、道路規制もしかれ、とてもキャンパスに車で乗りつけられそうになかった。もっとも、その時はまだフットボールのことなど夢にも思っていなかったから、「道路工事にしてはひどい渋滞だな」とただ茫然としていただけで、通りがかりの女の子に大学への道を聞いたとき初めて、事情がわかったのだった。

「大学に行きたいったって、今日は試合があるから構内にはいれっこないわよ」(内心、「フットボール以外の用事でこんな日に大学に来るなんて馬鹿じゃなかろか」とでも思っていたにちがいない)。そして彼女の忠告に従って、ぼくは付近の臨時駐車場に車を置いた。駐車場とは言っても、なみたいていのものではない。野原にただ囲いをつけただけのようなだだっ広い空地がびっしりと見渡す限り車で埋まり、ぼくはその合間をぬって十分以上もてくてくと歩く羽目になった。そんな思いがけない事態に巻き込まれはしたものの、目的の老教授とは大学の研究室でおちあい、用事は無事すますことができた。

この老教授は Bolesław Szcześniak といって、三十年以上アメリカで教鞭をとってきた歴史学者だが、れっきとしたポーランド人である。ところで、この名前をどう発音するかということだが、ポーランド語ならば「ボレスワフ・シチェシニャク」であって、他の読み方はありえない。しかし、ポーランド語を知らない（つまり圧倒的多数の）アメリカ人が三十年以上のあいだ彼を何と呼んでいたのかということになると、これはもう「神のみぞ知る」としか言いようがない。亡命者、あるいは移民として異郷に暮らすということは、言語の面をとってみればまずこのように、「自分の名前を周囲の人々に正しく発音してもらうことすら期待できないような環境」で暮らすことなのだ。

少々脱線になるが、この種の軽い悲哀（？）ならば、ぼく自身もたびたび味わったことがある。たとえば、運転免許証の更新をしに行った時のことだ。所定の手続きを済ませて待っていると、窓口の陽気なおばさんが次々と「ジョン！」だとか「スージー！」とか、ファースト・ネームだけで待っている人を呼び出す声が聞こえてくる。呼ばれた人はいそいそと窓口に行って、できあがった自分の免許証をピック・アップするという段取りだ。ところが、ぼくの番になるとこのおばさん、一瞬目をパチクリさせ、言葉につまり、あたりを見回した。Mitsuyoshi Numano などという名前をどう読むのかわかってくれというほうが無理だし、そもそもこのおばさんにはそのどちらがファースト・ネームかということさえ見当がつかなかったにちがいない。幸い、ぼくと視線があって、彼女はぼくを手招きし、ぼくは無事免許証をもらうことができたのだった。

さて、ポーランド人の名前の話にもどることにしよう。もともと英語の名前ではないのなら、英語の文脈の中でどう発音しようと「アメリカ人の勝手でしょ」と言ってすますという立場にもたしかに一理はある。実際、ポーランド語の発音や綴りのむずかしさには定評があって（本当は〝むずかしい〟のではなくて、英語と〝違う〟だけの話なのだが）、先日暇潰しに読んでいたコリン・ウィルソンの *The Janus Murder Case* という猟奇ミステリー小説にも（もっともこれはロンドンが舞台だが）、「クラコフスキとかいう発音できない名前の奴（やつ）」(a chap with an unpronounceable name like Crackovsky) などという科白がひょいとはさまっていたのが印象的だった。しかし、現実には「むずかしい」とか「わからない」と言ってすましていられない切実な側面がある。実は、アメリカには五百万人以上の（二〇二一年のある統計によれば八百八十一万人）ポーランド系の人口があって、彼らのもたらしたポーランド語の固有名詞の数々は確実にアメリカ英語の現実の一部になっているのである。

実際問題として、アメリカの現代小説を読んでいても、ノン・フィクションを読んでいても〃＊＊＊スキ（ー）〃という姓を持ったアメリカ人が出てくることがよくあるはずだが、その大部分はポーランド系と言っていい。「スキ（ー）」という語尾をもつ姓はポーランド語以外のスラヴ語（ロシア語やチェコ語）にも広範に存在しているのだが、人口を比べるとアメリカ合衆国のスラヴ系移民の中ではポーランド系が圧倒的に多いのである。たとえば、英語を読んでいて、こんな名前に出くわし、どう読んだらいいかわからないで困ったという経験は、誰にでもあるのではないだろうか。

(1) Zbigniew Brzeziński
(2) Jerzy Kosiński
(3) Carl Yastrzemski
(4) Helena Modjeska
(5) Marciszewski

(1)は、カーター大統領のブレーンとして活躍した政治学者で、コロンビア大学教授をつとめた（一九二八－二〇一七）。ポーランド式に読めば、ズビグニェフ・ブジェジンスキだが

（いずれにせよ、カナでは近似的な表記しかできないことはお断わりしておく）、〝ジュ〟とか〝ジュ〟の音として読まれる -rz- の綴りは一般のアメリカ人には単なる -r- として処理され、この名前もブレジンスキとなる。

(2)も有名な、ポーランド出身の作家（一九三三 - 九一）で、ポーランド語読みならばイェジ・コシンスキである。二十代半ばでアメリカに亡命してきたときは英語をろくに知らなかったのにその数年後にはもう英語作家となってしまった彼の語学力は驚異的なものだが、じつは彼のものとされる作品がすべてゴースト・ライターの手によって書かれていたのだという噂もあって、真偽のほどはまだ明らかではない（詳しいことは、青山南さんの『人生はクレイジー・サラダ』という本を参照のこと）。英語に切り替えたポーランド作家の偉大な先例としては、ジョゼフ・コンラッド――本名 Józef Konrad Korzeniowski ユゼフ・コンラト・コジェニョフスキ）――のことがすぐ頭に浮かぶが、彼の場合、ポーランドを離れたのはもっと早く、十代半ばのことなので、英語への転向もコシンスキの場合ほど驚くべきことではないかもしれない。

(3)はボストン・レッド・ソックスの花形だった野球選手。ポーランド語ではヤシュチュシェムスキ（綴りも本来は Jastrzemski）だが、アメリカではヤストレムスキとなる。

(4)は、シェイクスピアやイプセン劇のヒロインとして二十年以上にわたりアメリカで活

『ハムレット』のオフィーリアを演ずるヘレナ・モッジェスカ

躍した名女優（一八四四―一九〇九）。実は彼女の本来の姓はModrzejewska（モヂュジェイェフスカ）なのだが、これではアメリカでやって行くことは到底できず、一音節減らして綴りも簡単にし、モッジェスカとなった。なお、-skaという語尾は女性形で、彼女の夫の姓はModrzejewskiという男性形になる。つまり、これは元来形容詞なので、性によって語尾が変わるのだが、その変化をそのまま外国語に持ちこむと混乱が生ずる恐れがある（ロシア語でも同様のことがある。ドストエフスキーの奥さんは、「ドストエフスカヤ夫人」と呼べばいいのか、「ドストエフスキー夫人」としておくべきなのか？）。

(5)は、メイン州出身の上院議員（Senator）エドマンド・マスキーEdmund Muskieの本来の姓で、ポーランド語ならばマルチシェフスキと読む。しかし、このような姓を持ったままアメリカ社会で生きるのはやはり不便だったらしく、彼の父が思い切ってそれを簡単なマスキーに変えたという。移住者が移住先の言語にあわせて姓を変えるのは別に珍しい現象ではなく、たとえばドイツ語のMüller（ミュラー）はアメリカではMillerとなることが多い。むしろ全体として見れば、ポーランド人は〝むずかしい〟姓の綴りを保持しようとする保守的な傾向が強いのではないかと思う。

いままで見てきたのは人名ばかりだが、では地名の場合はどうだろうか。そもそもアメリカ北東部から中西部の北側（Upper Midwest）にかけての一帯はポーランドからの移民が多く住みついた地域で、地名にもその跡がはっきりと残っている。ノートル・ダム大学を訪ねたときも、ぼくは地図を眺めていて、サウス・ベンドから南東に五〇マイルほどの所にWarsaw（ポーランド語で綴ればWarszawa（ワルシャワ））という町があることに気づいた。さらに地図をよく見ると、その町のある郡（county）の名はKosciuskoとなっているではないか。これは少々英語風に綴りが変えられてるものの、明らかにポーランドの独立運動の闘士Tadeusz Kościuszko（タデウシュ・コシチューシュコ、一七四六－一八一七）の名前にちなんだものである。コシチューシュコはポーランドがヨーロッパの列強に分割され、国家として存在していなかった時期に、ポーランドの独立を戦い取るための蜂起を指揮した国民的英雄だが、アメリカとも浅からぬ因縁がある。じつは彼はパリでベンジャミン・フランクリンの慫慂（しょうよう）を受けてアメリカに渡り（一七七三）、植民地軍に加わってアメリカ独立戦争の闘士としても活躍したのだった。そういった背景を知れば、ポーランド系移民の多いこの地方に彼の名が地名として残っていることに何の不思議もない。もっとも、綴りをアメリカ風に変えられたその名前が、一般のアメリカ人にどう発音されているのか、見当もつかないのだが……

　魅力的な地名に引かれてぼくは、サウス・ベンドで用を済ませてから、具体的な当てもなく、ワルシャワへと車を走らせた。地図で見る限り、それはコシチューシュコ郡最大の町のようだから、ひょっとしたらポーランド関係の文化遺産が何かあるかもしれない。少なくとも、ポーランド料理の夕食くらいにはありつけるのではないか?

ワルシャワからシカゴへ

サウス・ベンドを出て何もないだだっ広い野原の中をひたすら車で走ること約二時間、インディアナ州のワルシャワという町に着いたとき、すでに日はとっぷりと暮れ、あたりは真っ暗になっていた（もっとも、ワルシャワとは言っても、英語では綴りは Warsaw で発音は〝ウォー〔ル〕ソー〟となる）。車で二、三分も走ったら気がつかないうちに中心部（ダウンタウン）を通り抜けてしまいそうな小さな田舎町で、ポーランド料理屋どころか、まともなレストランの一軒も見あたらず、ずいぶんがっかりさせられた。しかたなく、空腹をいやすために派手なネオンの看板を街道沿いに出しているハンバーガー・ショップ（マクドナルドだったか、バーガー・キングだったか、ともかくアメリカのどんな田舎に行っても見かけるその類の店）にはいって味気ない夕食をとり、町はずれの安モーテルに泊まった。こんな町に夜遊びをする場所があるわけもなく、モーテルのそばの雑貨屋でビールが買えたのがせめてもの幸運だった。

翌日はあいにく日曜日で、朝早く起きたものの、町にはほとんど人影がない。開いているドラッグストアを見つけ、ひまそうに店番をしている女の子に、「絵葉書とか、地図とか、何でもこの町の記念になるようなものはないかな」と尋ねてみたが、まったく何にもないとのことだった。さらに、「なぜこの町がワルシャワって名づけられたか知ってる?」と聞くと、「さあ、昔はポーランド系の移民が多かったらしいけど……」という気のない答えが返ってきた。ということは、彼女自身もポーランド系ではないのだろう。そこでこの店はあきらめて、もうちょっと町をうろうろしていると、今度は本屋が見つかったが、ここにあったのはわずかなペーパーバックと、どこでも買えるようなありふれた新聞雑誌類ばかり。またしても収穫は何もなかった。せめて聞きたいことだけでも聞いておかねばと思い、本屋の主人には前から気になっていた疑問——つまり、このワルシャワという町を含むKosciuskoという郡の名前は、いったいどう発音されているのかという疑問——をぶつけてみた。前章で書いたように、これは元来ポーランドの国民的英雄の名前で、ポーランド語ならば綴りはKościuszko、発音は〝コシチューシュコ〟となる。ところが、本屋の主人はいとも簡単に、「ここいらじゃ、〝コジアスコ〟って言ってるよ」と教えてくれた(ただし、インターネットで改めて調べてみると、その他に「コスキーアスコ」「コシアスコ」といった発音もあるようだ)。ポーランド語とのあまりの違いにこちらが面食らっていると、やはり店内にいた客でいわば「物知りおじさん」のような人が少々得意気に、

「いやあ、こいつは本当はポーランドの名前でね、なんでもコスツィウスコとか読むらしいよ」と口をはさんだ。おもしろかったのは、店の主人もこの物知りおじさんも、「そんなことは大事なことじゃないよ」とでも言わんばかりの投げやりな態度をしていたということだ。妙なことだが、こういう点になると、日本の英語の先生や翻訳家のほうがよっぽど（非現実的なほどに）うるさいのではないだろうか。たしかに欧米の固有名詞を日本語に移す場合は、発音を頼りに違う文字体系に転写（transcribe）するという厄介な手続きが介入してくるわけだから、その結果としてたとえば同じ Reagan が〝レーガン〟となるか、〝リーガン〟となるかでは、根本的な違いが生じてしまう（根本的というのは、つまり、日本語の表記体系の約束事の中には、〝レーガン〟と〝リーガン〟が同じものかもしれないという推測を可能にするような手がかりがまったくないということである）。だから、外国語の固有名詞の表記にはどうしても神経をとがらさざるをえないということになるのだろうが、この点に関してはアメリカのほうがずっと鷹揚というか、呑気だと思う。同じローマ字を使っている限り、英語しか知らない人間には絶対読めないような姓でもけっこう簡単に受け入れられ、通用してしまうのである。もっとも「通用する」とは言っても、そういった〝むずかしい名前〟をどう発音するかは人によって違ってくるので、〝正解〟が一つだけ必ずあるというものではない。いくつもの読み方がある場合は、結局本人に聞かなければわからないということになるが、しかし本人の主張する発音がまわりの人たちに広く受け入れられているとは限らないので、そうなるともうお手上げである。こういった状況は、日本語の漢字名の読み方の問題に少々似ていると言えるかもしれない。菊池寛の名をカンと読むべきか、ヒロシと読むべきかなどという問題に、一般の日本人は——国語の先生でもなければ——頓着しないだろう。いずれにせよ、漢字で書いてしまえば同じことだからである。

さて、日曜の朝のワルシャワでは、そんなわけで何の収穫もなく、その日のうちにボストンにもどらなければならないというかなりきついスケジュールだったので、なんだかワルシャワという名に騙されたような気分をもやもやさせながら、町を出てシカゴに向かった。時間がなくて確かめられなかったのだが、後で町の歴史をちょっと調べたところ、ポーランドからの移民によって町が作られたというわけでもないようで、町の名前は単にコシチューシコに敬意を表してのことだったらしい。現在の非ポーランド系の住民が、自分たちの町の名の語源にたいして興味を示さないのも、むしろ当たり前と言えるかもしれない。地名というものは、その語源をたどるとたいていかなりはっきりした意味を持っていることが多いのだが、いったん記号として固定してしまうと、ロシア・フォルマリストがくなるものだ。

〝知覚の自動化〟と呼んだような現象が起こり、誰もその本来の意味など考えようとしな

しかし、手垢にまみれ、地元の人間にとっては何のイメージの喚起力も持たなくなってしまった地名も、ぼくのような余所者の目には、新鮮で魅力的なものに見えることがある。フォルマリスト流に言えば、陳腐化してしまったものを異邦人の視線が〝異化〟するということにでもなるだろうか。実際、アメリカの大きな地図を机の上に広げて地名を読んでいると、それだけでかなり楽しい暇潰しになる。じつにさまざまな地名があって、想像力をかきたてられるからだ。この種の遊びのためには、地図はできるだけ大きくて詳しいものがいい。ぼくが愛用していたのは、Rand McNally 社の『ロード・アトラス』で、一五インチ×一一インチという大きなものだったが、これを眺めていると、アメリカが移民の国だということがよくわかってくる。ロンドン、ベルリン、パリ、モスクワなどヨーロッパ中の地名がアメリカ国内のいたる所に見つかるからだ（実はワルシャワもこの地図によれば、インディアナ州だけでなく、イリノイ、ケンタッキー、ミズーリ、ニューヨーク、オハイオ、ヴァジニアの各州にそれぞれあるのだから、驚いてしまう）。

ポーランドの話題からだいぶ脱線してしまったが、地名といえば、ワルシャワの場合と

同様に魅力的な響きに騙された経験が以前にもある。ニューヨーク州の山奥を車で走っていたときのことだ。地図を見ていて、近くにピーターズバーグ Petersburgh という村があることに気づいた。これは要するにロシアのペテルブルグの英語形だろう。こんな山の中の寒村がペテルブルグとは妙だなと思い、好奇心にかられてぼくは、用もないのにその村に向かった。着いてみると、それは予想以上にさびれた村で、こんな村には立派すぎると思えるくらいの教会がぽつんと立っているだけ（教派はたしかバプティストで、ロシア正教ではなかった）、人家らしきものもほとんどなく、なんだか薄気味悪くなって早々に退散してしまった。こんな村の場合だともう、ロシア移民と関係があるとは考えにくいので、単なるでたらめの結果ペテルブルグと命名されたのではないかと思えてくる。

実際、アメリカの地名の決め方には相当支離滅裂なところがあり、『言葉の世界』*World of Words* という言語をめぐるたいへんすぐれたエッセイ集の著者ゲーリー・ジェニングズによれば、メイン州のある地点を起点にとると、そこから車で一時間以内の所に、アテネ、ベオグラード、ブレーメン、中国（チャイナ）、デンマーク、ドレスデン、フランクフルト、リスボン、マドリッド、メキシコ、ナポリ、ノルウェー、オックスフォード、パレルモ、パリ、ペルー、ポーランド、ウィーンといった名前を持つ町がすべてあるという。どうしてこんな派手な外国地名のメドレーができあがってしまったのか、完全に説明するこ

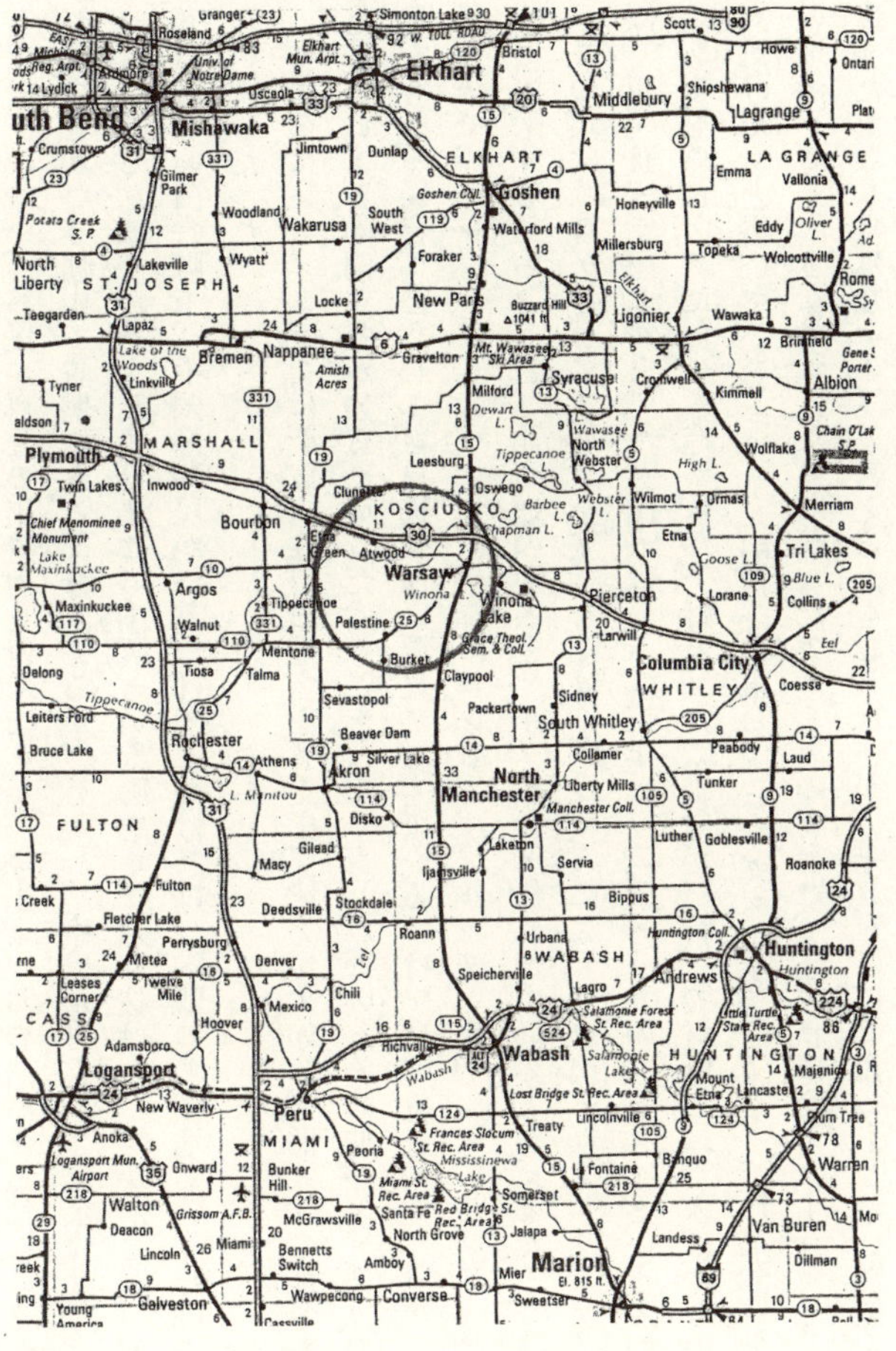

Granger
Simonton Lake
Roseland
Scott
Howe
Ontari
Elkhart Mun. Arpt.
W. TOLL ROAD
Bristol
Michiana Reg. Arpt.
Univ. of Notre Dame
Elkhart
Shipshewana
Lydick
Osceola
Middlebury
South Bend
Mishawaka
Lagrange
Crumstown
Jimtown
Dunlap
ELKHART
LA GRANGE
Gilmer Park
Emma
Vallonia
Goshen Coll.
Goshen
Potato Creek S.P.
Woodland
South West
Honeyville
Wakarusa
Waterford Mills
Eddy
Oliver L.
Millersburg
Topeka
Wolcottville
North Liberty
Lakeville
Wyatt
Foraker
ST. JOSEPH
Rome
Locke
New Paris
Buzzard Hill
Elkhart
Teegarden
Ligonier
Wawaka
Lapaz
Brimfield
Lake of the Woods
Bremen
Nappanee
Gravelton
Mt. Wawasee Ski Area
Syracuse
Cromwell
Kimmell
Albion
Linkville
Amish Acres
Gene S. Porter
Tyner
Milford
Dewart L.
Wawasee
Chain O'Lakes S.P.
MARSHALL
North Webster
Wolflake
Plymouth
Leesburg
Tippecanoe L.
High L.
Twin Lakes
Inwood
Clunette
Oswego
Barbee L.
Webster L.
Wilmot
Ormas
Merriam
Chief Menominee Monument
Bourbon
KOSCIUSKO
Chapman L.
Etna
Lake Maxinkuckee
Etna Green
Atwood
Goose L.
Tri Lakes
Warsaw
Blue L.
Argos
Winona L.
Winona Lake
Pierceton
Lorane
Collins
Maxinkuckee
Tippecanoe
Walnut
Palestine
Larwill
Eel
Mentone
Grace Theol. Sem. & Coll.
Columbia City
Delong
Tiosa
Talma
Burket
Claypool
WHITLEY
Coesse
Tippecanoe
Sevastopol
Sidney
Leiters Ford
Packertown
South Whitley
Beaver Dam
Peabody
Rochester
Silver Lake
Collamer
Laud
Bruce Lake
Athens
Akron
North Manchester
Liberty Mills
Tunker
L. Manitou
Manchester Coll.
FULTON
Disko
Luther
Goblesville
Gilead
Laketon
Macy
Servia
Roanoke
Ijamsville
Fulton
Creek
Fletcher Lake
Deedsville
Stockdale
Bippus
Roann
Huntington Coll.
Perrysburg
Urbana
WABASH
Huntington
Metea
Denver
Eel
Speicherville
Andrews
Huntington L.
Leases Corner
Twelve Mile
Chili
Lagro
Mexico
Salamonie Forest St. Rec. Area
Little Turtle State Rec. Area
CASS
Hoover
Adamsboro
Richvalley
Wabash
Salamonie Lake
HUNTINGTON
Majenica
Logansport
Wabash
Mount Etna
Lancaster
New Waverly
Lost Bridge St. Rec. Area
Peru
Treaty
Lincolnville
Plum Tree
Anoka
MIAMI
Frances Slocum St. Rec. Area
Logansport Mun. Airport
Onward
Peoria
Mississinewa Lake
Banquo
Warren
Bunker Hill
Miami St. Rec. Area
Somerset
La Fontaine
Walton
Grissom A.F.B.
Santa Fe
Red Bridge St. Rec. Area
McGrawsville
Deacon
North Grove
Jalapa
Landess
Van Buren
Lincoln
Miami
Bennetts Switch
Amboy
Marion
El. 815 ft.
Dillman
Mier
Young America
Galveston
Wawpecong
Converse
Sweetser
Cassville

とはむずかしい。移民が自分の出身地を偲（しの）んでとか、ヨーロッパの由緒ある都にあやかりたくてとかいう理由で説明できる部分もあるが、しかし、中国（チャイナ）などという地名はまったくの謎である。ぼく自身もたまたまこの中国（チャイナ）という町を車で通り抜けたことがあるが、何の変哲もない田舎町で、中国系移民がいるわけでもなければ、陶器（チャイナ）の名産地というわけでもないようだった。

要するに、アメリカでは新しい独自の地名を考え出す能力が欠如し、旧大陸の地名を安易に真似する傾向が強かったというだけのことなのかもしれない（その他、アメリカの地名を考える場合、どうしても見逃せない源泉（ソース）になっているのはアメリカ・インディアンの諸言語で、ミシシッピーも、マサチューセッツも、マンハッタンも、すべてインディアン語に由来する。ちょうど、北海道の地名とアイヌ語の関係に似ていると言えるだろう）。

この傾向は昔から、アメリカを旅行したヨーロッパ人によって皮肉られてきた。たとえば、W・H・ラッセルという英国人は一八六三年に、「［アメリカの］トロイという名の町にあるものといったら、木造の家が一軒と、丸太小屋が三軒、製材所と二十人ばかりの黒人だけだ」と書いているという（引用は前掲ジェニングズの著書による）。短期間に大量の地名を考え出さなければならなかったアメリカの場合は、いずれにせよヨーロッパとは違ったかなり特殊なケースと言えるかもしれないが、それだけにまたおもしろい問題を含んでいることも確かである。欧米では人名や地名を研究する固有名詞学（オノマスティクス）（onomastics）が最近盛んになってきているが、アメリカなどはその最も魅力的な研究対象になりうるのではないだろうか。

閑話休題。日曜の午前中にワルシャワを発って、ぼくは一路シカゴに向かった。ボストンにもどる飛行機は夕方の便なので、がんばればシカゴで半日過ごすことができる。もちろん、普通の意味での観光ならば、半日で大都会シカゴを見て回ることなどできない相談だろう。しかし、ぼくの場合、行きたい所は最初から一つにしぼられていた。シカゴ中心部から北西に走るミルウォーキー通り沿いに広がる〝ポーランド人街〟である。じつはシカゴは五十万とも七十五万とも言われる巨大なポーランド系人口を抱えているので、そのポーランド人居住区域に足を踏み入れると聞こえてくるのはポーランド語ばかりになってしまうほどなのだ。そういう所ならば、今度こそおいしいポーランド料理にありつけるだろう。

「英語は話せなくてもいい」

インディアナ州のワルシャワを発ったのは日曜の午前九時ころのことだったが、途中で寄り道をしたせいもあって、シカゴのポーランド人街に着いたときはすでに、昼食時間をまわっていた。さっそく、適当なポーランド料理屋を見つけて、中にはいる。日曜日の昼下がりのせいか、少々ふだんよりは着飾った感じの客たちがのんびりと談笑していて、店内はまだなかなかの賑わいだ。こんな店には普通余所者が来るわけもなく(だいたい、観光客を引きつけるような土地柄ではないのだ)、店内の客はみな、地元のポーランド系アメリカ人のようだった。聞こえてくるのもすべてポーランド語である。周囲から好奇の視線が自分に注がれているのを意識しながら、席につく。最初はなんとなく踏ん切りがつかなくて、ウェイトレスには英語で注文してしまったが(つまり、たまたま迷いこんだ日本人観光客という、より安易な役を演じたというわけだ)、食事の途中で我慢しきれなくなってこちらのほうからポーランド語に切り替えて話しかけてみた。こういう場合、大部分のポーランド人は、おもしろいくらい同じような反応を示すものだ。つまり、初めは「自分の耳が信じられない」とでも言わんばかりにびっくりし、それから有頂天になって最大限の好意を見せながら、「どこでポーランド語を勉強したんだ」などと根掘り葉掘り聞きはじめるのである。

愛国心について一般論を述べるなどという大それたことはとうていぼくの柄ではないが、ことポーランド人に関する限り、彼らほど愛国的な国民はないのではないか、というのがぼくの印象である。これはもちろん、彼らが先天的にそうだと言いたいわけではなく、十八世紀以来周囲の列強に祖国を分割・占領され、苛酷な歴史の中を彼らが生き延びてきたという事情によるところが大きいことは確かだろう。そういう小国の誇りと諦観の複雑なコンプレックスは、必ずしも高い社会的地位を占めているとは言えないアメリカのポーランド系移民にも受け継がれていて、彼らの外国人に対する態度にはっきりと表われてしまうのだ。つまり、ポーランド人は、外国人が自分たちの国の文化や言語に興味を持って勉強してくれることをたいへん喜ぶのだが、その反面「ポーランド語は世界で一番むずかしい言語だから、外国人がポーランド語を話せるようになるわけがない」という思い込みも強く、そのため、たとえばぼくなどがちょっとポーランド語をしゃべっただけでもたいへんな反応を引き起こすことになる。

さて、そんなわけで、シカゴのレストランではちょっとポーランド語をしゃべっただけで急にウェイトレスのおばちゃんに歓迎され、次のようなやりとりをポーランド語ですることになってしまった。

「あんた、ポーランド語が話せるってことは、ポーランド人のガール・フレンドでもいるんでしょう?」

「とんでもない。もちろん、大学で勉強しただけですよ」

「それにしては、〝モチロン〟だなんてこなれたポーランド語をよく知っているわね」

「そんな単語くらい、教科書の最初のほうに出てきますよ」

「ところであんた、今晩はヒマかしら? うちの旦那はこの店の他にもう一軒、しゃれたナイト・クラブを持ってるんだけど、そっちに遊びに来ない?」

残念ながら、大学の日程に身を拘束されていたぼくには、その晩をシカゴのナイト・クラブで過ごすことなど思いもよらず、この親切な招待は辞退せざるをえなかったが、こんな会話ができたということだけでも、ポーランドびいきのぼくにとっては充分嬉しい体験だった。

一般にはあまり知られていないことだが、じつはシカゴはこんなポーランド系移民を数十万(ポーランド人の好んで使う誇張された数字を信ずるならば、百万)もかかえた町であり、これより大きなポーランド人の町はポーランド本国でもワルシャワだけだという。

だから、レストランだけでなく、他にもありとあらゆるポーランド人の組織がシカゴにあるからといって、驚いてはいけない。ここでは相当な部数を誇るポーランド語の日刊新聞『連盟日報』(*Dziennik Związkowy* アメリカのポーランド系移民を統合する「ポーランド国民連盟」の機関紙として一八八〇年に発刊)も発行されているし、またミルウォーキー通りには、大きなポーランド博物館(Polish Museum of America)まである。じつを言うと、ぼくがシカゴのポーランド人街を訪ねたのは今回が初めてではなく、この二年ほど前にも、スラヴ学関係の学会に出席するためにシカゴに来た折、学会の会場となっていた都心部のホテルを脱け出して、このあたりを歩き回ったことがあった。その時は学会をすっぽかした分だけ時間の余裕があったので、博物館もゆっくり見ることができたのだが、そこで出会ったポーランド人たちとの会話は、さきほどのレストランの場合にもましておもしろいものだった。

当時は、ポーランド人のカロル・ヴォイティワがローマ教皇ヨハネ・パウロ二世になったという事件の熱気がさめやらぬところで、博物館の売店でも新しい教皇にあやかった土産物がいろいろと売られていた。そういった珍しい土産を物色していると、突然、ひどく下手な英語で話しかけてくる者がいる。見ると、いかにも人の好さそうな三十くらいの男で、英語の訛から察するところ、明らかにポーランド人である。アジア人がこんな所にいるのにひどく好奇心をそそられた様子だったが、こちらがポーランド語で答えるともっとびっくりし、とても聞きとれないような早口のポーランド語でいろいろなことをとめどもなくまくしたてはじめた。そんな早口のポーランド語はわからないから英語にしてくれないかと頼むと、しばらくの間はたどたどしい英語に切り替えてくれるのだが、英語は苦手らしく、いつの間にかポーランド語にもどってしまう。たぶんアメリカ生まれでアメリカ育ちの〝白人〟が、このようにポーランド語を母語とし、英語をうまくしゃべれないという事実を目の当たりにして、ぼくは驚きもし、感激もしたのだった。正直なところ、（たぶん大部分の日本人と同様）それまでぼくにはアメリカの白人に対する一種の錯覚があって、白人であればユダヤ系であろうがポーランド系であろうが、きちんと英語を話せるはずだと思い込んでいたのだ（これがたとえば、中国系ならば、英語の下手な者がいてもそんなに驚かないのだから、やはり妙な偏見というべきだろう）。

実際、この種の現象は、シカゴのポーランド人街のような大きなコミュニティではごく当たり前のことで、そのコミュニティの中で自足的な生活をしている限り、英語が話せなくともさほど不都合はないのだから、移民してから何世代も経た現在でも、ポーランド語を母語として保っているポーランド系人口はかなりの数にのぼるようだ。それは、現地で発行されているポーランド語新聞の求人広告欄を見てもよくわかる。そこには「英語が話せなくてはならない」（Must speak English）とか「英語必要」（English required）などと英語で特記した広告がかなりあり（ということはつまり、話せない者が多いということだろう）、その他にも「英語を少し話さなければならない」（Musi mówić trochę po angielsku）とか、さらには「英語は話せたほうがいいが、必要条件ではない」（English speaking preferred, but not required）といったものまであって、このコミュニティでの英語の地位をはっきりと反映している。

ところで、博物館を見てからぼくは、近所にあると聞いていたポーランド語専門の書店に行こうと思っていたので、博物館でぼくに話しかけてきた男にその場所を尋ねてみた。すると彼は親切にも「なんだ、ポーランド語の本が欲

（右）ヨハネ・パウロⅡ世の生涯をあつかったコミックス
（左）シカゴのポーランド博物館の案内書

しいのか。それなら後で俺が送ってやるから、どんな本が必要なのか書いておいてくれ」などと言い出す始末で、その申し出を苦労して丁重に断わり、「ともかくその本屋に行きたいんだ」と重ねて言うと、「それなら俺が車で送ってやろう」と巻き返しに出る。そんなわけで、本屋の場所をきき出すのはなみたいていのことではなかったのだが、ともかく小一時間ほど後にぼくは一人でその本屋に辿り着いたのだった。

この書店は「ポロニア」Poloniaという名前なのだが、おもしろいことに「ポロニア」というのは国外のポーランド移民のコミュニティを意味する単語で、こんな単語が存在するのも、十九世紀以来、北米だけでなくほとんど世界中に移民を送り出してきたポーランドならではのことだろう。ぼくの知り合いのポーランド人で、「ポーランド語さえ話せれば、世界中どこでも旅行できる」と主張する人がいるが、この一見奇矯な説にも実は相当な現実的裏付けがあるわけだ。しかも、ポーランドの場合、本国が社会主義国になってからも、移民社会と本国の間にはかなり緊密な関係が保たれており、その点がたとえばロシア移民の場合とはかなり異なっている（ソビエトでは、政治的理由のため、国外のロシア人移民について言及されることすらほとんどない）。ポーランド本国の科学アカデミーには、「ポロニア研究委員会」が設けられて、組織的な研究が進められているほどである。

いまぼくの手元には、この委員会が編んだ『移民社会におけるポーランド語の研究か

POGODA

Dziennik Związkowy

POLISH DAILY ZGODA

Published Since 1908

AN AMERICAN DAILY IN THE POLISH LANGUAGE — MEMBER OF UNITED PRESS INTERNATIONAL

KALENDARZYK

Dzisiaj środa, 29 grudnia — Tomasza.

Jutro czwartek, 30 grudnia — Eugenii i Sabiny.

Pojutrze piątek, 31 grudnia — Sylwestra i Melanii.

No. 250 Rok (Vol.) LXXV — CHICAGO, IL, Środa, 29 Grudnia (December 29), 1982 — Telefon wszystkich biur 788-0141. 35¢

GRABIEŻ MAJĄTKU "SOLIDARNOŚCI"

Strony Precyzują Stanowisko

Nikaragua Uwolniła 49 Więźniów Politycznych

Liban Żąda Wycofania Obcych Wojsk

Izrael Dąży Do Porozumienia Pokojowego

Dalszy Ciąg Przegrupowań Na "Wierchuszce"

Prasa Reżymowa Szkaluje L. Wałęsę

Wzrost o $3 Mld. Zadłużenia PRL w Bankach Zachodnich

[D]oniesienia [o] Kontaktach [P]LO—Izrael

HOUSEHOLD Live-In

Nanny N.W. Suburb. 2 boys., Housekeeping duties. Some weekends. Must drive. 24-33 years old. English required.

CALL 741-3429

JANITORS (2)

Immediate Openings.
Permanent Part-time. 4 hours/Day; 6 day work week. $4 per hour.
86th & Cicero Area, must have own transportation.

CALL: GREG SPIVEY
295-6360

Applicants must speak some English

HOUSEKEEPING

Live in Housekeeper. English speaking only. Care for 2 children. Own room. Recent references. Highland Park area. Call

831-9296

HOUSEKEEPER for elderly couple. Live-in. 7 days. Des Plaines. Must speak some English or German. Tel. 299-6242 from 5 p.m. — 9 p.m. $100 per week.

NEED 2 OR 3 LADIES

To join our housekeeping staff for light janitorial work. English speaking preferred, but not required. Many benefits.
Apply weekdays 8 AM-3 PM.
Security Desk — Mr. Melzer
EDGEWATER BEACH APARTMENTS
5555 N. Sheridan Rd.

★ Praca

POTRZEBNE OSOBY DO SPRZĄTANIA

Part time — wieczorami, 4 godziny od 10 wieczorem. Może być 7 wieczorów. Do uzgodnienia. Okolica Harlem — Foster. Dzwoniąc do nas proszę zostawić swój numer telefonu, a my zatelefonujemy z powrotem w języku polskim

792-2292

EXPERIENCED ONLY

Wall paper hanger and painter. Call 771-9060 or 456-3782

Brochure call U.S. Credit Data, TOLL FREE
1—800—442-1531 — Anytime.

SPRZEDAM sklep odzieżowy — tanio. W polskiej dzielnicy. Tel. 637-4243.

★ Rozmaite

W ZWIĄZKU Z OTWARCIEM NOWEGO LOKALU
3336-42 MILWAUKEE
TURYSTYCZNA LOUNGE
Zapraszamy wszystkich miłośników muzyki i tańca na zabawę sylwestrową. Do tańca przygrywa orkiestra Krakus. Początek: godzina 8 wieczorem-2 rano. Donacja $25 od pary z kolacją i butelką wódki.
Zapraszają Tony i Inga Rutkowski Właściciele
794-0326

★ Usługi

MALUJE, tapetuję, remontuję wewnątrz. Tanio. 286-0864

UKŁADAM ceramikę. ..... 237-2721.

ROBOTY stolarskie i hydrauliczne wykonuje Franek. .... 237-2721.

（上）シカゴの日刊紙『連盟日報（日刊“ズゴダ”』求人欄に注目
（下）シカゴのポーランド書店「ポローニア」

ら』*Z badań nad językiem polskim środowisk emigracyjnych* という論文集があるが、これはいままで述べてきたようなポーランド移民の社会におけるいわゆる〝言語接触〟の問題を扱っていて興味深い。シカゴのポーランド人の中に英語がまともに話せない者が多いとはいっても、アメリカで生きてゆく以上、多かれ少なかれ英語との日常的な接触にさらされているわけだから、当然、その影響は彼らの話すポーランド語に表われることになる。こうして、移民のポーランド語は必然的に本国の標準的なポーランド語からずれてくるわけで、この〝ずれ〟は従来ともすると無教養ゆえに生ずる「不純な部分」として切り捨てられがちだったが、じつは言語学的にたいへん重要な研究材料を含んでいるという認識の下に、近年見直しの動きが強まっているのである。

わかりやすい一例として、借用翻訳(Loan Translation; calque)という現象を考えてみよう。これは、外国語の表現法をそのまま翻訳した言い方のことで、たとえば英語では乗物に「乗る」と言うとき、take という動詞をよく使うが(take a bus, subway など)、これをそのままポーランド語の「取る」にあたる動詞 brać に置きかえて "brać autobus"(バスを取る)などという表現が作られ、実際に自然なものとして使われるようになる。これはポーランド語に限ったことではなく、ぼくなども四年間アメリカで暮らしてから日本に帰ってきた直後には、「タクシーを取る」と言いそうになって困ったものだ。その他、言語接触による干渉（interference）は語彙の面だけでなく、発音や文法などさまざまな次元で起こるのだが、じつはどんな言語でも純粋に単独で存在しているわけではないのだから、この問題を深く掘り下げてゆくと、単に移民のバイリンガリズムだけでなく、言語そのものの本質にも関わる地平に達する可能性があると言えるのではないだろうか。

自分のことを笑っているんだ、あんたたち！

アメリカ人はジョークが好きだ（などという大雑把な一般論は無責任でよくないと思うのだが、この種の強引な類型化の論理は、じつはここで話題にしたい〝エスニック・ジョーク〟の出発点になっているので、あえてこう言い切って始めることにしよう）。これまでアメリカでは、〝エレファント・ジョーク〟とか、〝グッド・ニューズ・バッド・ニューズ・ジョーク〟とか、いろいろなパターンのジョークの流行があったというが、一九七〇年代以降に大流行したジャンルとして、〝ポーリッシュ・ジョーク〟というものがある。これはポーランド系のアメリカ人を徹底的に笑いものにしたジョークのことで、この種の〝エスニック・ジョーク〟は、さすがに多民族国家アメリカでは古くからさまざまな民族・人種についてのものが知られ、ポーランド人以外にも、ユダヤ人、黒人、アイルランド人、イタリア人などがその標的になっている。

しかし、ポーリッシュ・ジョークの流行は前代未聞のもので、ポーリッシュ・ジョークを集めたラリー・ワイルドというコメディアンの本が何百万部も売れたり、この種のジョークを自分たちに対する侮辱と受け取って抗議の行動を起こすポーランド人団体が出てきたりするなど、一種の社会現象にまでなっている。ワイルドの自序によれば、デトロイトでは三人の学生が（当然ポーランド系だろう）彼の本を五十冊積み上げ、公衆の面前で燃やすという挙に出たというが、皮肉なことにそれは本の売り上げを促進させるだけだった。ぼく自身も、アメリカで何度もポーリッシュ・ジョークなるものを聞かされている。論より証拠、一つ二つ典型的な例を挙げてみよう。

問「電球を取りかえるために、何人のポーランド人が必要だろうか？」
答「五人。なぜならば、一人が電球を持ち、残りの四人が電球を持った男をかかえ上げ、ぐるぐる回してやらなければならないから。」

ある靴のメーカーが、ポーランド人のために特製の靴を売り出すことになった。その靴には TGIF と大書してある。その意味は——“Toes Go In First”（つま先が先にはいる）。

ジョークの説明ほど野暮なことはないが、二番目のほうはやはり注釈が必要だろう。

T.G.I.F.とは通常"Thank God, it's Friday !"（やれやれ、今日は金曜日だ）の略語であり、平日は朝から晩まで勉強に追われ、酒を飲み歩くことなど思いもよらない、という学生生活をアメリカで送っていたぼくなどにとっては、身にしみてわかる日常的表現だった。ところが、ここではそのT.G.I.F.が普通の意味を離れて、靴のはき方もろくにわからない"間抜けなポーランド人"のための親切な指示になっている、というわけである。

　これらの例からもわかるように、エスニック・ジョークというものは基本的に、ある民族に関するstereotype（ステレオタイプ）（紋切型、固定観念）に基づいた"民族的中傷"（ethnic slurs）であって、当事者にとって気持ちのいいものとはとうてい思われない。特にアメリカのポーランド系移民の場合、全体として見るとイタリア系などの場合と同様に、社会的に必ずしも高い地位を占めているとは言えないので、不潔で非文化的という悪い固定観念（ステレオタイプ）がつきまといがちである。ポーランド本国が誇る古い文化の伝統を多少なりとも知っていたぼくにとっては、アメリカのジョークの世界でポーランド人が非文化的と見做されていることは、驚きだった。「（問）世界で一番短い本は何だ？」「（答）ポーランド文化史」などというジョークはかなり広く流布しているし、またこれを比較文化的（？）に発展させたものとしては、次のようなジョークもある。

問「世界で最も短い三冊の本は？」
答「『イタリアの勇敢な兵士たち』、『ユダヤ人の商業倫理』、そして『ポーランド精神』」

アラン・ダンデスという民俗学者が『アメリカ・フォークロア雑誌』に載せた論文によれば、ポーリッシュ・ジョークに現われるポーランド人に関する固定観念（ステレオタイプ）は、⑴貧乏、⑵不潔、⑶間抜け、⑷不器用、⑸悪趣味の五つに分類される。このような固定観念（ステレオタイプ）が誤りであり、ポーランド人を不当に侮辱するものだ、とここでいまさら言っても仕方ない。断わるまでもないことかもしれないが、こういった特徴に該当する人間は世界中どんな民族にもおそらく存在するのであり、ここではポーランド人が人間全般の代役をしているにすぎない。その背後にあるのは、一口に少数民族（マイノリティー）といっても、アメリカのポーランド人の場合、とるに足らない少数派などではけっしてなくて、かなり大きな社会的集団として自己意識（アイデンティティー）を確立させているという事情だろう。つまり、ポーリッシュ・ジョークとは少なくとも〝弱い者いじめ〟ではなく、ポーランド人の側にすでに、笑い者になることを引き受けるだけの強さがあることを前提としているのだ。同様のことはたぶん、黒人やユダヤ人を対象としたエスニック・ジョークについても言えるにちがいない。また、たとえば日系人やロシア系移民を対象としたジョークがジャンルとして存在していないのは、彼らがあまりにマイナーで〝弱すぎる〟からだろう。実際、ポーランド人は単なる少数派ではない。とくに中西部では、ポーランド系が地域社会全体の中でもかなり大きな比重を占めている所があり、そういった事情を知らないと、次のようなジョークは理解できないだろう。

「なぜポーランド人は、最高の宇宙飛行士になるんだろう？」

「連中は学校で場所（スペース）を取っていたからさ（They took up space in school. 蛇足ながら、ここで space は空間と宇宙の両方の意味にかけられている）」

ところで、さきほど引用したダンデスが触れていないもう一つの重要な固定観念（ステレオタイプ）は、ポーランド人のバイリンガリズム（二言語併用）に関するものである。ポーランド人の社会がアメリカの中でこれほど大規模であれば、当然彼らの母語もある程度までは維持され、多くのポーランド人は程度の差こそあれ、ポーランド語と英語の両方を話す二言語併用者（バイリンガル）となる。バイリンガルなどというと、ぼく自身を含めて外国語コンプレックスに悩む人間の多い日本ではとかく〝カッコいいもの〟と見られがちだが、現実はそれほど甘いものではない。アメリカではバイリンガリズムという現象は通常、英語圏の外からやって来た教育レベルの低い移民に特有のものとして考えられるから、それはむしろ、英語もまともに使いこなせない教養の低さと結びつけられることが多い。もしも、バイリンガリズムを狭い意味で定義して、「二カ国語をどちらも完璧に使いこなせること」と考えるならば、このような実態からはほど遠いわけだが、バイリンガリズムのことを考える場合、理想とかけはなれた現実をむしろ出発点としなければならないだろう（そもそも完璧なバイリンガルなど存在しない、というのがぼくの持論なのだが、この点については後でもっと詳しく書くことにしたい）。

言語の面に関して見れば、一般のアメリカ人にとって、ポーランド人とは何よりもまず、わけのわからない複雑な綴りと発音を持つ異質な言語から英語の環境への闖入者（ちんにゅうしゃ）である。ただし、むずかしいポーランド人の姓にも、一つだけ平易な特徴がある。どんな名前でも、-skiという語尾で終わるということだ（もちろん、これは誤った固定観念で、彼らの姓ははるかに多様である）。

「緑色をしていて、ポーランドの上を飛ぶものは何だ？」

「ピーター・パンスキ Peter Panski」

「じゃあ、黒い傘をさして、ポーランドを飛び回るものは？」
「メリー・ポピンスキ Mary Popinski」

また、ポーランドの厄介な地名を扱ったものとしては、こんなジョークもある。

新聞記者があわてて、編集局にかけつけた。「たった今はいった情報によると、ポーランドのPszczynaで大地震があったそうだ」
それに対して編集長は、「オーケー、それじゃ、地震の前のその土地の名前を見つけてきてくれ」（Pszczyna はプシチナと読む。実在するポーランドの地名で、その綴りもポーランド語としておかしなものではない。この綴りが一般のアメリカ人にとっては、地震で目茶苦茶になった結果のように見えたというわけ。以上、蛇足）

英語がまともに話せなかったり、綴れなかったりするポーランド人に関するジョークとなると、これはもう際限がないほどだ。明らかにこれは誇張されたイメージだろうが、綴りのほうに関して言えば、非識字率が意外に高いアメリカ（二〇一〇年代のある調査では非識字者が成人の八％いるという）では、かなり現実的な問題なのかもしれない。

ラリー・ワイルドのポーリッシュ・ジョーク集の挿絵。(右) ポーランド人居住区でサインを集めた請願書 (×印は非識字者を示す)。(中) ポーラックとはポーランド人の蔑称。(左) 文中のT.G.I.F.のジョーク

先生「スタニスワフ、〝ねずみ〟(mouse)って綴ってごらん」
スタニスワフ「M-o-u-s」
先生「でも、最後にまだ何かあるだろう？」
スタニスワフ「尻尾かな」

イタリア系のアメリカ人が、イタリア料理店にはいると、ポーランド人の給仕が出てきてイタリア語で応対した。客は驚いて店長を呼び、「おたくの給仕はポーランド人のくせに、いったいどうしてイタリア語がしゃべれるんだい？」と尋ねた。すると、店長は、「しっ！　あのポーランド人は、自分が習ってるのが英語だと思ってるんでさあ！」

また、ラリー・ワイルドによれば、ある自動車のバンパー・ステッカーには"I'm Polish and Prowd of itt !"（もちろん proud of it の間違い）と書いてあったという。

この種のポーリッシュ・ジョークが当のポーランド人に対して軽蔑的な意味あいを持っていることは確かだが、ダンデスも指摘しているように、ジョークの源泉である固定観念（ステレオタイプ）がある程度まではポーランド人自身によって補強されていることも見逃してはならない。逆説的なことだが、エスニック・ジョークを受け入れることは、自分の民族的自覚（アイデンティティー）を確認することにもなるからだ。それはさらに、自分たちの名において人間の全般的な欠点を引き受けてしまうことにつながる。「皮肉なことに、ある〝少数民族（マイノリティー）〟の特徴をあざわらうとき、人はじつは人類全体をあざわらっているのだ」とは、ラリー・ワイルドの言葉だが、そのことに笑われる側が気づいたとき、笑う側と笑われる側の関係はもう逆転してしまうかもしれないのだ。

ワイルドのジョーク集のカバー

それから最後に、蛇足をもう一つ。この章の題は、ぼくの創作ではない。これは、十九世紀ロシア・ウクライナの作家ゴーゴリの『検察官』からの引用でした。

ウクライナからリトアニアへ

前にシカゴのポーランド人街のことを書いたけれども、じつはそれ以外にもシカゴにはぼくにとっておもしろいエスニック・グループがたくさんある。「人種のるつぼ」というとかくニューヨークのことばかり話題になり、もちろんそれはそれで間違ってはいないのだが、シカゴの民族構成も同様に多彩である。もっとも、ぼくが初めてシカゴに行ったのは専攻分野の学会に参加するためだったから、その時はシカゴ自体に関してはそれほど予備知識もなければ、興味もなかった。ところが、投宿したホテルの部屋に備えつけてあった観光案内を見ると、ポーランドだけでなく、セルビアやウクライナの民族文化の博物館まであることがわかり、びっくりしたのだった。そして（あまり大きな声では言えないが）就職にあぶれた若手の学者が自分の売りこみに汲々（きゅうきゅう）としている学会会場にはあまり顔を出さないで、こういった珍しい博物館を巡ることにしたことは、言うまでもない。

残念ながら、セルビア博物館を訪ねる時間はなかったが、ウクライナ関係は二つ回ることができた。一つは「ウクライナ民族博物館」（Ukrainian National Museum）というもの、もう一つは「ウクライナ現代芸術会館」(Ukrainian Institute of Modern Art) という美術館である。どちらも、シカゴのウクライナ人街の中心部に位置している。ここでウクライナ人について一言説明しておくと、ウクライナ人というのはロシア人やベラルーシ人とともに東スラヴ系を構成する民族で、文化的にも言語の面でもロシア人にかなり近いが、ロシア人とは別個のはっきりとした民族的自覚を持っている。ソ連時代からウクライナ人の間に根強い民族独立運動があったのもそのためだし、アメリカの移民社会の中でも、ロシア系やポーランド系など、他のスラヴ系移民と溶け合うことはまずない。こうして彼らは、博物館まで持って独自の民族文化をアメリカでも維持しているわけだ。

シカゴで最初に訪ねたウクライナ民族博物館は、じつはぼくが行った日が休館日にあたっていたのだが、ベルを鳴らすとウクライナ人の老人が出て来て、ぼく一人のために親切に館内を案内してくれた。うかつなことだが、この老人の顔を見たとき初めて、ぼくは自分がウクライナ語をほとんどまったくしゃべれないことを思い出した。「今日は」とか「ありがとう」くらいならなんとか言えるし、ロシア語とポーランド語を知っていれば類推によってウクライナ語も相当わかるのだが、結局それは受身の知識であって、この気むずかしそうな老人の気を悪くしないようにこちらから積極的に話すことはむずかしい。にわか勉強を半日でもやっておけばずいぶん違ったはずなのに、と悔やまれた。そこで会話はもっぱら英語ということになり、この老人の英語は予想通りけっして流暢なものではなかったが、意思の疎通に不都合はなかった。

老人が話してくれたのは、しかし、あまり陽気な内容のことではなかった。この博物館には民族文化に関する展示物の他に、歴史文書などがかなり保管されていて、ときどき研究者が見にくることがあるが、ウクライナ系の若い世代は先祖の遺産など〝古くさがって〟あまり関心を示さず、ウクライナ語を話したがらない者も増えているという。たしかにフランス語がペラペラというのならともかく、ウクライナ語のような〝マイナーな〟言語が自由に使えたところで、アメリカ人としてアメリカ社会に生きてゆく上で大きなプラスになることはまずありえないだろう。それで思い出したのは、ハーバード大学でのぼくの友人だった若いウクライナ人の夫婦で、どちらも英語とウクライナ語のバイリンガルなのに、二人の間でウクライナ語を使うことはほとんどないとのことだった。「ぼくらの間で使うウクライナ語ってのは、Kitchen Ukrainian（台所ウクライナ語）とでも言うようなものだけで、知的な話題になると英語のほうがずっと楽だね。もっとも、親と話すときはどうしてもウクライナ語になってしまうけれど」というのが、夫君のほうの説明だった。

移民が移住先の言語文化に吸収されてゆくのはある程度は不可避の過程だろうが、シカゴのウクライナ民族博物館は、その過程に空しく抗(あらが)おうとしているようにも見えた。古色

СВОБОДА

SVOBODA

УКРАЇНСЬКИЙ ЩОДЕННИК — UKRAINIAN DAILY

ЦЕНТІВ 25 CENTS — JERSEY CITY and NEW YORK, THURSDAY, SEPTEMBER 13, 1984

СПРАВА ШЕВЧЕНКІВСЬКОЇ МАРКИ ЗНОВУ АКТУАЛЬНА

ЗАКІНЧИЛАСЯ ПІДГОТОВА ДО МАНІФЕСТАЦІЇ І КОНЦЕРТУ У ВАШІНҐТОНІ

КРАЙОВИЙ КОМІТЕТ ВІДБУВ ОСТАННЄ ПІДГОТОВЧЕ ЗАСІДАННЯ

ПРЕЗИДЕНТ ВШАНУВАВ ПАМ'ЯТЬ Г. ГАМФРІ

ЗУСТРІЧ ІЗ СЕКРЕТАРЕМ СТЕЙТУ

Повідомлення Вашінґтонського Комітету

В Ню Джерзі вшанують сен. Б. Бредлі

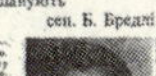

（上）ニューヨークで出ている日刊ウクライナ語新聞『スボヴォダ』（『自由』）
（下左）ウクライナ民族博物館の案内書
（下右）ヴォロディミル・マカレンコ展（ウクライナ現代芸術会館）

Ukrainian National Museum

2453 W. Chicago Ave., Chicago, Ill. 60622
Tel. (312) AR 6-6565

Museum is open for visitors: Sundays 12 Noon - 3 P.M. Admission free.

On other days & times—by appointment only at least one week ahead.

For groups visiting Museum at other time than Sunday afternoon admission fee is 25 c per person (to pay a special guide).

ВОЛОДИМИР МАКАРЕНКО

AN EXHIBITION OF OILS AND WATERCOLORS
DECEMBER 9, 1982 – JANUARY 15, 1983

UKRAINIAN INSTITUTE OF MODERN ART
CHICAGO, ILLINOIS

VOLODYMYR MAKARENKO

蒼然とした博物館を訪ねるたびにぼくが思い出してしまうのは、「博物館を訪ねて」と題されたウラジーミル・ナボコフの短篇である。この小説の中で、革命後に西欧に亡命したロシア人の主人公は、ある博物館を訪ねることにより時代と空間を越えて革命前のロシアに連れもどされてしまうのだが、博物館の機能とはもともとそういった幻想的（ファンタスティック）なものかもしれない。少なくとも、ウクライナ民族博物館に充満していた歴史の重みは、現代アメリカにあって幻想的とも言えるようなものだった。

もう一つ訪ねたウクライナ現代芸術会館のほうでは、ソ連から亡命した画家ヴォロディミル・マカレンコの作品展をやっていて、これは一転してきわめてモダンなものだったが、それでも伝統的な宗教的モチーフが強く感じられた。ここでも中年のウクライナ人のおばさんがつきっきりで案内してくれたのだが、彼女に「ハーバード大学にシカゴ出身の若いウクライナ女性で、ウクライナ文学を専攻している友だちがいる」と言うと、「ああ、その娘（こ）なら知っているわ。ここでもアルバイトしてたことがあったんじゃないかしら」とたいへん誇らしげに説明してくれた。ハーバードという名はこの辺のウクライナ人にとって、単なる名門校ではない。ハーバードには、アメリカのウクライナ人の寄付によって支えられている米国でただ一つのウクライナ研究所があり、ソ連国外でのウクライナ研究の中心地の一つになっているからである。

July (Liepa) - August (Rugpiūtis) 1983
4012 Archer Avenue, Chicago, IL 60632
ISSUE 92

LITHUANIAN MUSEUM REVIEW

FAUSTAS STROLIA HONORED

Faustas Strolia, a music teacher, director, choirmaster, and composer, who has given the better part of his life to the field of music, was honored by the Balzekas Museum at its annual Excellence Award Dinner at the Palmer House, September 17, 1983.

Strolia, music director and organist for St. John Fisher Church and School, is well known by fellow Lithuanians and is prominent in the life of the Lithuanian community. In the summer, he travels from one summer camp to another, his accordion as much a part of his body as his arms. During the school year, he teaches music classes at Lithuanian Saturday schools and is indispensible to the Knights of Lithuania Choir which he has directed for the past two decades. He, more than any other person, has been responsible for the development and cultivation of Lithuanian folk songs among young people. Strolia has also founded and for the past ten years directed, the Vaiva Vocal Ensemble, a group of college-aged Lithuanian singers who specialize in short versions of Broadway plays.

Frank Zapolis opened the Award Dinner and the American National Anthem and Lithuanian National Anthem was sung by Eleanor Zapolis, accompanied by Genevieve Mitchell at the piano. Rev. Monsignor Francis J. McElligott, delivered the invocation. After dinner, Stanley Balzekas, Jr. introduced the just released Lithuanian language cassette which Strolia made possible through his personal contributions and those of the Vaiva Ensemble, Knights of Lithuania Choir and Aidas Band.

On behalf of the Museum, the Honorable Mary Krauchunas, Vice Consul of Lithuania, presented Strolia with a crystal vase inscribed with the notes and lyrics of one of his songs. Strolia humbly approached the podium exclaiming, "What is all this fuss about?" On thanking everyone for attending, he added "We are speaking for our brothers and sisters in Soviet Lithuania. Those of us who are fortunate to live in America have an obligation to live for them."

Among the individuals attending the dinner were Loretta Stukas of New Jersey, National Director of the Knights of Lithuania; Mrs. Damušis who has worked with Strolia in the summer camps; Leonas Narbutis presented Strolia with a record from the Lithuanian String Ensemble, and Pranas Neimanas of Cleveland, presented his own handmade kanklės (zither) to Strolia. Strolia's wife and four sons joined him on the stage.

This was the fourteenth year in which the Museum has honored an individual who has made significant contributions in one specific area. Individuals who have been honored in the past include Simas Kudirka a defector from Soviet occupied Lithuania; the Honorable Stasys Lozoraitis, Jr., Secretary of the Lithuanian Legation at the Vatican, and Howard Tyner, foreign correspondent for the Chicago Tribune.

IŠ VAKARINĖS PAKRANTĖS
ATSISVEIKINANT SU ARCHITEKTU JONU MULOKU

Papasakosiu jums šiek tiek apie mūsų gražiąją Kaliforniją. Nors Čikaga yra lietuviškoji sostinė, bet mes nenorime likti visiškai nežinomi, nes ir čia gyvenimas verda po mūsų karšta saule. Teisybė, šiais metais buvo visur karšta.

Mūsų lietuviškoji sala nedidelė, turim tik vieną bažnytėlę. Gal tas ir gerai,--savaitgaliais ten visi susitinkam, išsipasakojam naujienas, pasiguodžiam rūpesčiais, sudarom naujus planus ateičiai. Turim gražaus ir veiklaus jaunimo būrį, kuris džiugina mūsų širdis. Todėl šiame laikraštėlyje norėsiu papasakoti apie tuos džiaugsmus ir rūpesčius, nes daugelis iš mūsų yra kadaise buvę čikagiečiai.

Šiandienos pokalbį skiriu vienam buvusiam čikagiečiui, kuris neseniai išsiskyrė iš mūsų tarpo, palikdamas ir skaudžią žaizdą, ir šviesų atminimą. Tai architektas JONAS MULOKAS, kuris savyje jungė artistišką architekto talentą ir skaidrų lietuviškumą. Už jį per daugelį metų kalbės jo sukurti architektūriniai paminklai, savo stiliumi taip artimi lietuviškai širdžiai.

Jonas Mulokas jau ankstyvoje jaunystėje žavėjosi ornamentuotais bažnyčių bokštais, charakteringais vartais ir prasmingomis detalėmis. Kai atėjo laikas rinktis profesiją, jis nedvejodamas pasuko į architektūrą, širdyje nešiodamas viltį joje išreikšti lietuvio sielą. Šiame trumpame straipsnyje sunku būtų duoti viso šio prasmingo gyvenimo vaizdą, todėl pasitenkinsiu tik suminėdama kelis jo darbų pavyzdžius. Kai šis jaunas architektas Lietuvoje žengė pirmuosius savo žingsnius, mūsų valstybės padangėje jau rinkosi tamsūs debesys--karo pradžia. O visgi Vilniuje turime jam būti dėkingi už ant Šv. Kazimiero bažnyčios bokšto naujai visomis spalvomis sužibusią karalaičio Kazimiero karūną, kurios istorinė ir emocinė reikšmė mums neįkainuojama. Jau pirmuose savo žingsniuose J. Mulokas nedrąsiai bandė grąžinti lietuviškumą mūsų architektūros ornamentams, ką sutinkame Berčiūnų bažnyčioje, M. Pečkauskaitės antkapyje, Panevėžio Katedros projekte, gausiose paminklinėse lentose Vilniaus mieste, didiko Volkės mauzoliejuje.

Tremties sąlygos buvo nelengvos, tačiau net ir Vokietijoje liko išdidūs mūsų kūrėjo pėdsakai: Augsburgo Kryžius, koplytstulpiai--tai vis lietuviškoji miniatūrinė architektūra. Užtat Amerikoje mūsų architektas išsiskleidė visu pločiu. Pastangos išlaikyti mūsų parapijų lietuvišką veidą atnešė nuostabių vaisių: Marquette Parko Marijos Gimimo bažnyčia, kur medinė architektūra buvo perkelta į mūrą ir išpuošta puikia sava ornamentika, St. Louis parapijos bažnyčia, lietuviški kambariai universitetuose, Mapheto N.Y. Kristaus Atsimainymo bažnyčia, dvasią pakeliantis Čikagos Jaunimo Centro prieangis, pagaliau gausi ir elegantiška rezidencinė kūryba tiek Čikagoje, tiek jau Kalifornijoje.

Štai kokios asmenybės netekome prie Pacifiko, kur J. Mulokas paskutiniu metu gyveno ir dirbo. Jo kūrybinį darbą, tęsia jo sūnus Rimas Mulokas. Didelė pagarba tam žmogui, kuris savo pastangomis ir atsiekimais neabejotinai darė didelę įtaką.

Rūta Kleva Vidžiūnienė

（上）リトアニア博物館の機関紙（英語とリトアニア語のバイリンガル版）
（下）リトアニア系アメリカ人のためのバッジ

さて、シカゴの博物館でもう一つおもしろかったのは、「バルゼカス・リトアニア文化博物館」(Balzekas Museum of Lithuanian Culture)というもので、これはその名の通り、リトアニアの民族文化の博物館である(バルゼカスというのは、この博物館の創立者であるリトアニア出身のビジネスマンの姓だ)。リトアニアがソ連から分離・独立したバルト三国の一つで、長い間ソ連を構成する共和国の一つだったことくらいは(もっとも、反ソ的な立場のリトアニア人に言わせれば、「ソ連に占領されていたにすぎない」のだが)誰でも知っているだろうが、しかし大部分の日本人にとってリトアニアに関する知識がそこで終わってしまうこともまた確かなようだ。実際、ポーランドのような東欧の〝小国〟でさえ、ショパンとか、SF作家のレムとか、はたまたコペルニクスとかいった世界的な著名人を生み出しているのに(ただしコペルニクスに関しては、彼がポーランド人であったか、ドイツ人であったかをめぐる不毛な議論がいまだに後を絶たない)、リトアニア人でそれに匹敵するような有名人は一人もいないのではないだろうか。

そんなわけで少々背景の説明が必要かもしれない。リトアニアは中世以来、ポーランドと連合王国を作り、中世ヨーロッパの大国だった時期もあるのだが、その後ポーランドとともに国運が衰え、十八世紀末にはいわゆる「ポーランド分割」のためリトアニアもほぼ全面的にロシア帝国の支配下にはいった。そして十九世紀になってからも産業はふるわず、農業も不振の状態が続いたので、多くの農民が新天地を求めてアメリカに移住することになった。ロシア革命後、リトアニアはしばらくの間ふたたび独立国となるが、第二次大戦ではナチス・ドイツに占領され、ソ連赤軍によって「解放」された。この「解放」の際にまた、多数のリトアニア人が西側に逃れ、その多くが最終的にはアメリカに渡るのだが、その中には知識人や作家も相当数含まれていたのである。こうして、現在アメリカでリトアニア人は――ポーランド人に比べてもはるかにマイナーなものとはいえ――独自の民族集団として各地にコミュニティを形成しているのだ。

リトアニア人がいるのは、シカゴだけではない。いつかコネティカット州の山の中を深夜車で走っていたら、突然エンコしてしまい、しかたなしにレッカー車に引っ張ってもらって近くの町に行き泊まったことがあるが、翌朝、こんなことでもなければ絶対来ることがなかっただろうウォターベリーというこの町のローカル新聞を眺めていると、「昨日、リトアニア祭が町で盛大に行なわれた」などという記事が目にとまった。さては、と思ってこの町の電話帳を開くと、思った通り、-as とか -is という語尾を持った姓が非常に多いことがわかった。これはリトアニア語の姓に特有の語尾であり、たとえば英語式にジョナス・メカスと呼ばれている映画作家 Jonas Mekas（ヨナス・ミャーカス）も、その名前からリトアニア人であることがわかる。ついでながら、Jonas（ヨナス）は英語のJohn（ジョン）、フランス語のJean（ジャン）、ドイツ語のJohann（ヨハン）、Hans（ハンス）、ロシア語のИван（イワン）に相当するリトアニア語の名前である。さらにもう一つついでにこの機会に書いておくと、電話帳は、固有名詞学（オノマスティクス）の心得さえ多少あれば、たいへんおもしろい読み物になるし、この場合のように未知の町の民族構成を知るための簡便な手がかりになることさえある。外国の電話帳は日本にいてはなかなか手に入らないので、ぼくは自分の住んでいたボストン地域の電話帳をわざわざ日本に持って帰ったが、それだけの値打ちはあったといまでも思っている。

さて、世界的に有名なリトアニア人はほとんどいなかったと先ほど書いたが、十九世紀以降リトアニアの名をヨーロッパの学問の世界で有名にしたものがあるとすれば、それはリトアニア語そのものだった。リトアニア出身のポーランドの詩人チェスワフ・ミウォシュは自伝『故郷ヨーロッパ』で半ば残念そうに、半ば誇らしげにこう書いている。

もしも私の国がさまざまな国の教養ある人々の注目を浴びたことがあるとすれば、それはドイツの学者たちによって、リトアニアの農民が最古のインド＝ヨーロッパ語を話すということが発見されてからのことだ。リトアニア語は多くの点でサンスクリット語に似ており、十九世紀にはサンスクリット語の研究を補助する分野として、リトアニア語の研究がいくつかのドイツの大学で始められた。

　言語学的にいえば、リトアニア語はバルト語派に属し、ロシア語・ポーランド語などを含むスラヴ語派とかなり近い関係にある（もっとも、この「近い関係」をどう説明するかについては、いまだに言語学上の論争が続いている）。現存するバルト語はリトアニア語の他にはラトヴィア語だけだが、このラトヴィア語と比べてもリトアニア語は「保守的」なことで有名であり、名詞の格変化や母音体系などに古い特徴を多く残している。語彙のレベルでほんの一例を挙げると、リトアニア語で火のことをugnis（ウグニス）というが、これはインド神話の火神アグニ（Agni、阿耆尼（あぎに））と同語源である（ラテン語ignis、ロシア語огонь（アゴーニ）など〔いずれも火の意味〕も同語源で、英語ではignite〔点火する〕に残っている）。古代インドの言葉がヨーロッパの北のはずれで生き残っているとは不思議だが、その古い言葉がさらに移民によって新大陸に運ばれているのだからおもしろい。

ぼくの蘭学事始

一九八五年の夏、四年間のアメリカ生活にけりをつけて日本に帰る途中、ヨーロッパを旅行した。わずか三週間ばかりで七ヵ国を回るというせわしない旅だったけれど、なにしろ(恥ずかしながら)初めての西欧だったし、お仕着せの団体旅行を嫌って、細かい予定などあらかじめ立てずに毎晩気ままに宿を捜しながらレンタカーで動き回ることにしたので、なかなかおもしろい体験をすることができた。ヨーロッパをレンタカーで旅行するなんてずいぶん高くつくのではないか、と早合点する向きもあるだろうから、あらかじめこちらの財布の内を公開しておくと、ぼくが払ったレンタカーの料金は十九日でたったの一四〇〇オランダ・グルデン(当時の換算レートで六、七万円くらい)だった。ハーツとかエーヴィスといった大手の国際的レンタカー会社には、ヨーロッパ特別予約割引料金があるので、こんなに安く車を借りることができるのだが、この料金ならば何人かで一台の車をシェアすると鉄道よりも安いくらいだろう。経済的なだけでなく、予定にしばられない気ままさがいい。いずれにせよ、どこへ行っても宿の交渉と食事の注文のできる語学力さえあれば簡単に楽しめることなので、ドライブの好きな方にはぜひお勧めしたい。語学力とはいっても、必要なのは最低限で、実はたいていのことは身振りと筆談で通じてしまうものだ。そうそう、それからもう一つ大事なのは、万一自動車が故障したときの気力。このときはもう生半可な語学力ではどうしようもないと、腰を据えるしかないでしょうね。

だいたい、ちょっと想像すればわかることだが、車のいろいろな部分の名前を世界各国語ですらすら言えるポリグロットなど、絶対にいるものではない。ぼくなどは、自分が借りた車のフロント・ガラスがフランスで割れて立ち往生するときまで、うかつにもこの〝フロント・ガラス〟が和製英語だということに気づかなかったくらいだ（これは英語で正しくは windscreen〔英〕または windshield〔米〕といい、フランス語では pare-brise（パルブリーズ）という。いずれも「風をさえぎるもの」の意味）。恥のかきついでに、車の英語にまつわる失敗談をもう一つ披露してしまうと、アメリカに住んでいたころ、車のクラクションが鳴らなくなったので、修理工場に電話したことがある。「クラクション」(Klaxon（クラクソン）) が元来商品名で、アメリカでは普通 horn（ホーン） ということくらいはかろうじて知っていたけれども、日本語からの類推で "The horn of my car doesn't *ring*." とやったのがまずかった。"You mean your *phone* doesn't ring?"（「おたくの電話が鳴らないだって？　そんなこたあ、こっちにゃ関係ないよ。うちは自動車修理工場なんだよ！」）と切り返され、慌てて、phone じゃなくって horn だと何度も繰り返すと、"I see, you mean your horn doesn't *blow.*"と言われ、やっと自分の英語の間違いに気づいたのだった。日本語では電話もクラクションも同じように「鳴る」のに、英語ではそれぞれ別の動詞を使わなければならない、という道理である。

どうも最初から脱線が多くなってしまったが、本題のヨーロッパ旅行にもどることにしよう。ボストンから飛行機で大西洋を渡りアムステルダムにやって来たぼくは、さっそく空港で車を借り、初めてのヨーロッパ旅行を始めたのだった。起点をアムステルダムにしたのは、オランダでは英語がよく通じると聞いていたからで、車を借りる際の保険だの何だのという面倒くさい手続きもすべて英語で、あっけないくらい簡単に済んでしまった。オランダの道を走りはじめて最初に注意したのは、交通標識がオランダ語だけで書かれているか、それとも仏、独、英などその他のヨーロッパ語も併記されているかということだった。もちろん、主要な道路標識として現在使われているのはほぼ万国共通の図案だから、オランダ語などまったく読めなくても運転にはさしつかえない。ではなぜそんなことに興味を持ったかと言うと、当時日本では高速道路に乗っても地名やその他の注意書の表示にはほとんど日本語しか使われておらず、日本語（特に漢字）を読めない外国人にひどく評判が悪いのを知っていたからだった。ヨーロッパの（少なくとも言語の面では）小国であるオランダでも、似たようなことがあるのかどうか。

ぼくの気づいた限りでは、オランダの道路標識はすべてオランダ語だけで書かれていたが、オランダ語をまったく知らない者にも簡単に類推できるようなものばかりだった。たとえば、ハイウェイの出口には uitgang（アイトガング）と書いてあったが、uit が英語の out やドイツ語の aus に、gang がドイツ語の Gang（「行くこと」の意味。英語の動詞 go と同語源）に対応していることはほとんど自明である。このようにゲルマン語派に属すオランダ語は英語やドイツ語にもかなり近い関係にあるので、英語かドイツ語を知っている者には類推でわかる部分があっても不思議ではない。ただし、似ているばかりではなく、微妙な違いがあることも確かで、いまのハイウェイの「出口」の例で言うと、ドイツではこれは Ausgang とはならず、Ausfahrt（アウスファールト）となる。ドイツ語では同じ「行く」でも「歩いて行く」(gehen) 場合と「乗物で行く」(fahren) 場合を基本的に区別するのでそれが「出口」にも反映しているわけだ。一方、オランダ語では uitgang と言うところから判断して、どうやらその種の区別は英語と同様に厳密ではないらしいなどということまで推測できるから、たかが道路標識などといって馬鹿にしたものでもない。

　もっともそう言うぼく自身もオランダ語はからっきしできないのだから、こんなことを得々と書くのは我ながらたいした度胸なのだが、ともかくオランダ語がどのくらい英語やドイツ語に似ているかを示すために、ごく簡単な文章をいくつか引いてみよう。出典は手元にあるベルリッツの *Dutch for Travellers* というたいへん便利な旅行者用の会話帖である。

Goedemorgen.（グーダモルゲ）おはよう。（英）Good morning.（独）Guten Morgen.

Spreekt u Duits?（スプレークト イー ダイーツ）ドイツ語を話しますか？（英）Do you speak German?

（独）Sprechen Sie Deutsch?

Ik heb honger.（イク ヘブ ホンゲル）私は腹がへっている。（英）I am hungry.（独）Ich habe Hunger.

ところで、オランダでは道路標識はオランダ語でしか書かれていないと書いたばかりだが、だからと言って、外国からの観光客のための外国語によるサービスがないことを意味するわけではない。事実はその逆で、たとえばアムステルダムの運河で乗った遊覧観光船では景色の説明をオランダ語、ドイツ語、フランス語、英語の順で延々と聞くことができた。それにしても、英語がなぜか最後だったので、英語以外に外国語をまったく知らないと思われるアメリカ人の観光客はいつも苛々していて、おもしろかった。またデルフト焼という陶器で有名なデルフトという田舎町の駐車場では、駐車券自動発売機のそばに蘭・仏・独・英四カ国語で書かれた説明書が掲示されていたことが印象的だった。さらにちょっと先走ると、後にベルリンに行ったときには、英独仏以外にセルビア＝クロアチア語とトルコ語（だと思う）の使用説明までついた電話ボックスがあって、さすがにこれにはびっくりさせられた。これは観光客のためのサービスではなく、移民労働者のためのものだろうが、日本がそこまで「国際化」することは当分ないだろうとつくづく思った。もっとも、それがいいことか、悪いことかは、また別の問題である。

さて、外人観光客を多数受け入れているオランダにおける第一の国際共通語は、なんといっても英語だろう。実際、オランダの空港、ホテル、観光地などでは英語さえ話せれば、まず不自由はしない。空港の売店の売り子でもじつに見事な英語を話すので、こちらが自己嫌悪におちいるほどだ。ただし、どんなに英語が上手でも、それが「幅広い教養」につながっているとは限らない。空港の売店で買物をしたとき、ぼくはたまたまドストエフスキーの肖像画がプリントされたトレーナーを着ていたのだが、それがレジの女性の目にとまり、「それはいったい誰？」と聞かれる羽目になった。「ドストエフスキー」と答えても何の反応もなかったので、ひょっとしたらオランダ語では発音が違うのでわからないのかもしれないなと思って、「ほら、ロシアの有名な作家の」と付け足したのだが、やはり駄目。結局、流暢に英語を話すこのオランダ女性にロシアの文豪は無縁の存在だった。ドストエフスキーの名を知っていれば教養があるなどと言いたいわけではない。それに、世界中どこへ行っても日本で有名なものはやはり同じように有名にちがいない、などと考えるのは、滑稽な「自己中心主義」というものだろう。しかし、それにしても、外国語の知識を密室の読書にすぐ結びつけようとしてしまうぼくなどにとって、このレジの女性の見事な実践ぶりとけれんみのない無知は、爽やかなものに思えたのだった。

先が長いので、オランダはこのくらいにして次に進むことにしよう。オランダで二日過ごした後はパリに何日か滞在したいと思っていたので、アントワープ、ガンを通ってベルギーを縦断する。ベルギーにはいるときは、なにしろヨーロッパで初めて車で国境を越えるので検問所か何か当然あるのだろうと予想して身構えていたのだが、実際にはまったく何にもなく、知らぬ間にベルギーにはいってしまっていたので拍子抜けした。こういう国境の感覚というものは、日本のような島国育ちの人間にはどうも理解しにくいもののようだ（実際、日本語では「海外」が「外国」の意味だが、ヨーロッパの言語の場合、「国境の向こう」という表現が「外国」の意味で使われることが多い）。ベルギーという国は、オランダ語の方言ともいわれるフラマン語を話す人口と、フランス語人口にほぼ二分されている言語的にたいへんおもしろい国であり、地名までもフラマン語とフランス語の二通りの綴りがあって厄介である。それがフランス語ばかりになってきたなあと思っていると、じつはすでにフランスにはいっているのだった。フランスにはいる直前にはDouane という標示があって、さてこれが検問所のことかなとは思ったものの、悲しいかな、ぼくの偏ったフランス語力では「ドストエフスキーの長篇小説『カラマゾフの兄弟』の構造は……」といった論文ならどうにか判読できるのだが、douane が何であるかはかいもく見当がつかない。そうかといって走行中に辞書を引いているわけにもいかず弱っていると、いつの間にかその douane の前を通り過ぎ、フランスにはいっていた。douane（ドウワーヌ）がフランス語で「税関」の意味であり、普通の旅行者がEC圏内の国境を車で越える場合、いちいち税関に出頭しなくてもいいということを知ったのは、だいぶ後のことだった。

フランスでは、パリの北郊外のサンリス（Senlis）という小さな町に手ごろなモーテルが見つかったので、そこに何日か泊まって毎日車でパリに通うことにした。パリの第一印象は、ともかく英語が通じない、ということだった。もっとも、じつは今回のパリ滞在は単に観光のためではなくて、知り合いのロシア人やポーランド人の文学者に会うことが大きな目的だったので、大部分の時間はフランス語を話す必要はまったくなかったのだが、それにしても町ではちょっとした買物をするにも、食事をするにもフランス語なしではすまされない。こちらもそれは覚悟のうえで、辞書と会話帳を常に携帯してフランス語だけで通そうと奮闘したのだが、少なくともパリでは反応はいつも冷ややかなものだったという印象がある。パリの路上には密閉できる個室スタイルの有料トイレがあって、物珍しいので使ってみたのだが、水の流し方がよくわからない。中に細々とした使用説明があって、これはもちろんフランス語でしか書かれていないので、おもむろに辞書を取り出し、十五分ほどもかけて読み通すなどということもあった。だが、こちらにそれほどのフランス語学習欲があるにもかかわらず、パリっ子との会話はあまりうまくいかなかった。

英語だけが外国語ではない

パリっ子が外国人観光客に対して冷淡であるとか、英語を知っているのにわからない振りをするとかいったことについては、いろいろな人が書いていてかなり有名なことだから、ここでいまさら書く必要はないくらいだろう。もちろん、こういったものの言い方が、ある種の偏見に基づいた固定観念（ステレオタイプ）の域を出るものでないことはよくわかっているつもりだが、それにしてもアメリカに住み慣れたぼくが初めてパリに行ったとき感じた落差は大きかった。しかし、だからといってパリっ子を責める気になれなかったことも確かである。ぼくの観察したところでは、問題があるとすればむしろ観光客の側だからだ。

フランス語を話せない日本人の観光客の場合、たいていガイドに頼り切りの団体行動の枠の外には出ないから、誇り高きパリっ子と直接衝突する機会もあまりないだろう。厄介なのは、自分では外国語をいっさい話せないくせに、フランス人が英語を話すのは当たり前と信じ込んでいるアメリカ人の場合で、そういうアメリカ人観光客は実際、世界中どこへ行ってもけっこう多いのである。たとえばぼくが（人並に）エッフェル塔観光に行ったときのことだが、塔に登るエレベーターの切符を買うために行列していると、前のほうの一見してアメリカ人とわかる中年男が切符売りのおばさんに向かって「トゥー・トゥー・トゥー!」と大声を出すのが聞こえてきた。別に気が変になったわけではない。勘のいい読者ならもうおわかりと思うが、これは何のことはない、英語で"Two to Two"、つまり二階へ行く切符を二枚くれと言っていたのだ。エッフェル塔の展望台は「一階」と「二階」があって、料金が違うから、切符を買う場合は枚数と行く先の階を言うだけの語学力が最低限必要なわけだが、このアメリカ人にはそれだけのことをフランス語で言おうと努力する気さえまったくなかったらしい。

日本人は英語やアメリカ人に対してはなぜか寛大で、「英語が国際語である」ことをアメリカ人以上に信じたがるようなところがあるから、こういうアメリカ人の振舞いを見てもあまり驚かないかもしれないが、よく考えるとこれは驚嘆すべき野蛮な行為ではないだろうか。たとえば、日本人が北京に観光旅行に行き、中国人に向かってさも当然のようにいきなり日本語で話しかけ、自分は中国語を学ぼうとする努力さえまるでしない、というようなことが許されるものだろうか。そんなことはありえない、と多くの日本人は考えるだろう。では日本語では駄目なことが、なぜ英語の場合ありえてしまうのだろうか。それは、一般的にはこう説明されることが多いようだ。つまり、「英語はいまや世界第一の国際語だが、一方日本語は特殊でむずかしい言語だから、外国人が日本語を修得することを期待するのは現実的でない」。最近、〝日本の国際化〟の必要が叫ばれることがますます多くなっているが、たいていの場合そのもとにあるのも、いま述べたような認識である。つまり、この〝国際化〟の内実は「日本人はもっと英語が話せるようになるべきだ」ということにすぎず、日本語がもっと国際的に通用するよう努力することではない。

もっとも、こんな大問題を論じていてはヨーロッパ旅行の続きが書けないので、ここで一応問題をばっさりと切っておくと、(i)日本語を必要以上に特別扱いしてはいけない（自分だけが特別だという思い込みは滑稽である）、(ii)英語が国際的に通用度の高い言語であることは確かだが、**英語だけが外国語ではない**（自分の知っていることだけを特別扱いしてもいけない）の二点にぼくの言いたいことは尽きる。ただし、「英語だけが外国語ではない」なんて当たり前じゃないか、なんでそんなことをいまさら言う必要があるのか、と不思議に思う向きもあるだろうから、第二点については少し補足をしておこう。ぼくが日本の大学でロシア語を習ったロシア人の先生はたいへん教育熱心で、ロシア語以外にも日本語をはじめとして何カ国語も自由に話せるポリグロットだったのに、自分の生徒とはロシア語以外ではけっして話そうとしなかった。そんなわけでぼくがこの先生のお供をして花屋にはいると、ぼくらがなにやら外国語で話しているのを聞きつけた花屋のおばちゃんはぼくのことを「英会話？ 精が出るわねェ」と褒めてくれたし、タクシーに乗れば乗ったで、運転手に「おたくら、ハワイから来たの？」と聞かれる羽目になったのだった（それにしても何でハワイなのだろうか？ 日本人の顔をしてペラペラ外国語をしゃべるやつはみな早見優みたいにハワイ育ちということなのか？）。まあ、この程度のことだったら単におもしろい挿話としても片づけられるだろうが、「外国語とは英語のことだ」というこの種の思い込みが専門家と呼ばれる人たちの間にも広まっているとしたら、恐ろしいことではないだろうか。ある高名な英語の翻訳家は自分の書いた翻訳指南書の中で、「ベトナムの地名を日本語で表記するときは、国際語である英語の発音に従うべきだ」と堂々と主張しているのだが、まさかこの先生、ベトナムにはベトナム語があるということをご存じないのだろうか。そんなことを言ったら、ミュンヘンはミューニック、パリはパリスと変えねばならない道理だが……。

さて、そこで話はアメリカ人観光客のあふれる一九八五年の夏のパリスにもどる。フランス人に英語を話してもらいたいならば、少なくとも最初に"Parlez-vous anglais?"（パルレブーアングレ）（あなたは英語を話しますか？）くらいはフランス語で言うのが礼儀であって、いきなり英語で話しかけるのは失礼だと、常識人間のぼくなどは考えてしまうのだが、こういう常識がアメリカ人には通用しないらしい。そういえば、有名なあのノートル・ダム寺院の中には、「静粛に」という意味の注意書きが仏・英・日の三カ国語で書かれていたのを思い出すが、これなども考えようによってはアメリカ人にとって（そしてもちろん日本人にとっても）あまり名誉なことではないだろう。英語と日本語がフランス語にそえられていたのは、ぼくの推測では、英語と日本語が国際語だからではない。それは第一に、アメリカ人と日本人の観光客集団が特にうるさいからであり、第二に、アメリカ人と日本人は「静かにしろ」という意味のごく簡単なフランス語さえも読めないだろうと見越されているからである。ちなみに、ぼくの知っているアメリカ人の日本文学者の多くは、「世界で一番外国語ができないのは、日本人とアメリカ人だ」という意見を共通して持っていた（もっとも、だから即いいとか悪いとか言いたいわけではない）。

語学力のことはさておき、パリでアメリカ人観光客がどう思われているかを暗示するようなおもしろい話を聞いたことがある。話してくれたのは、パリ大学（ソルボンヌ）教授のミシェル・オクチュリエ氏。「きのう読んだ新聞によると、パリのある高級レストランではアメリカ人の客の数を制限して、客全体の三〇パーセントとか四〇パーセントとか、ともかく一定の比率以上にならないようにしているそうだよ。それもアメリカ人のためを思ってと言うんだが、なぜだかわかるかな」「アメリカ人が無駄に金を使いすぎないようにするためとか……？」「まさか。放っておくとレストランの客が全部アメリカ人だなんてことになって、せっかくパリに来たっていうのにパリにいる気がしなくなるからだそうだ。」

ところでこの話をしてくれたオクチュリエ教授はフランスきってのロシア文学者で、チェコ系の血を引いているため、仏・露・チェコの三カ国語をどれもほぼ母国語なみに使いこなすたいへんな語学力の持ち主である。彼とロシア語で話しながら、パリのレストランでワイン・グラスを傾けて過ごした昼下がりの一時は、ぼくにとっては貴重な思い出になっている。特に印象に残っているのは、彼がフランス料理にまったく無知なぼくに食べ物のことを説明してくれているとき、ちょっと言葉につまり、「どうも私のロシア語では、こういうことを説明するのに充分でないようだ」と言ったことである。そのときぼくが抱いたのは、正反対の二つの気持ちだった。一つは、「彼ほどの大家でさえこうなんだから」という、いわば同業者としての安堵感、もう一つは、「彼ほどの大家でさえこうだとすると」という絶望感（つまり、外国語を本当の意味で「充分」知ることは絶望的に困難だという思い）。いまから思うと、そのどちらが正しいというようなものではないのだろう。外国語を勉強することなんて、しょせんこの二つの感情の間を行ったり来たりすることなのかもしれないのだから。

パリには一週間ほど滞在して、オクチュリエ氏以外にもいろいろなロシア人やポーランド人に会った。一般にはあまり知られていないことだが、パリは古くからスラヴ圏からの亡命者たちの重要な拠点になっているのだ。ただ、移民がいつの間にか立派なアメリカ人になってしまうアメリカ合衆国の場合とは違って、フランスでは亡命者たちはいつまでたっても亡命者のままでいるように見えた。『ルースカヤ・ムィスリ』(「ロシア思想」の意)という古い伝統を持つパリのロシア語新聞の編集室で知り合った若い亡命ロシア人は、ぼくを近所の行きつけのカフェに連れて行き、「結局連中は外国人を自分たちの社会の本当の一員としては受け入れてくれないからね、ここで暮らしてゆくのはむずかしいよ」とこぼしたものだ。とはいうものの、彼は茶目っ気たっぷりにわざとロシア語で飲み物の注文を出したりするので、ぼくが驚いていて「このカフェのウェイター

ノートル・ダム寺院の注意書
(仏英日の表現の微妙な違いがおもしろい)

はフランス人なのにロシア語がわかるのか」と尋ねると、「いや、ちょっとばかり教えてやったんだ。フランス人がロシア語をわかっちゃいかんって法はないからね」と平気で言う。それはもちろん冗談半分の発言なのだろうが、その一方では、ロシア語のような大国の言語の話し手が亡命を余儀なくされたとき抱く感情を言い当てている面もあるのかもしれない。実際、ぼくがアメリカで出会った亡命ロシア人の中には、「アメリカ人はロシア語を話せないから本当に困るよ」と真顔で言う者が何人もいた。こういう発想は、日本人にはあまりないだけにおもしろい。

パリ滞在の後は、ジュネーブでソビエト史を研究している友人に会う予定があったので、フランスのハイウェイを南に下って行った。ドライブが順調であれば南仏まで下って、イタリアからスイスにはいろうという心積もりだったのだが、その計画は結局うまく行かなかった。途中で、追い抜いて行った車のタイヤがはじき飛ばした小石に当たってぼくの車のフロント・ガラスが粉々に割れるという事故に遭い、オセールという田舎町で一泊して車を修理しなければならなくなったからだ。英語などろくに通じそうにないこんな田舎でどうしよう、と最初は途方に暮れたのだが、奇妙な偶然で、まったく同じような事故に遭ったカナダ人夫妻とハイウェイの上で行き会い、この夫のほうが流暢とは言えないにして

Сороковой год издания

17 октября 1986 № 3643

РУССКАЯ МЫСЛЬ

7 F.

LA PENSÉE RUSSE

Освобождена Ирина Ратушинская.

Освобождена из лагеря и отправлена в ссылку Татьяна Осипова.

Конец женской политической зоны?

Ирина Ратушинская.

Окончание на стр. 2

СОВЕТСКО-АМЕРИКАНСКИЕ ОТНОШЕНИЯ

После встречи в Рейкьявике

Рональд Рейган и М.С.Горбачев в Рейкьявике.

（上）パリの週刊ロシア語新聞『ルースカヤ・ムィスリ』
（下）パリのシテ島にあるポーランド語書店

もかなり頑張ってフランス語を話したので、彼に頼ってうまく事後処理をすることができた。それにしても、ハイウェイ管理事務所のフランス人の態度はとても冷淡で、笑いながらわれわれの車をのぞくばかり、こちらが憤慨して道路状態に関する苦情を英語で書いて手渡そうとすると、フランス語でなければわからないと言って受け取りを拒否しかけたほどである。

ベルリンの「壁」まで

前章の続きで、ヨーロッパをドライブ旅行中ハイウェイで事故に遭い、オセールという フランスの田舎町で立ち往生してしまったところから始めよう。他の車がはね上げた小石に当たってぼくの車のフロント・ガラスが割れたことはすでに書いた通りだが、そのときのハイウェイ管理事務所の応対には腹が立った。被害にあったのがぼくだけでなかったことからもわかるように、そのあたりのハイウェイにはかなり砂利が落ちていて、管理側にある程度の責任があることは明らかだった。ところが、事務所の職員はフロント・ガラスが崩れ落ちて目茶苦茶になったぼくたちの車を見て笑っているだけで、すまなそうな顔とか同情の素振りなどいっさい見せなかった。そのうえ苦情を英語で書いて手渡そうとすると、「いったいこれは何だ？　英語じゃわからないね」と言うのである。フランス人が英語の「侵入」に神経を尖らせていて、公文書などから英語の単語を極力排除しようとしていることくらい、ぼくも知っていたが、それとこれとは話が別ではないか。このときばかりはぼくもむっとし、相手の言うことがまったく理解できないような顔をして、そのまま苦情を置いてきたのだった。

じつはこの話には後日談があって、一月ほど後にハイウェイの管理当局から日本の自宅宛に公式の回答書が送られてきたのだ。何らかの形で反応があったことは評価するけれども、その内容（もちろんフランス語で書かれていた）を読んでまたびっくりしてしまった。要するに「跳ねる砂利に注意」という標識が規則通りきちんと出ていたはずだから、それを見落としたお前が悪いのであって、当局としてはその種の事故の責任を負うことはできない、という趣旨のもので、まるでこちらのほうが悪いことをしたとでも言いたげな調子で書かれていた。この慇懃無礼な手紙を読み返しながらいまにして思えば、「英語で書かれた苦情など受け取れない」とでも言わんばかりだった職員の応対振りは、英語嫌いのフランス人の誇りなどという次元の問題ではなくて、じつは単にいっさいの責任を回避しようとする官僚主義の体質にすぎなかったのではないだろうか。官僚主義にとっては、英語とかフランス語の区別などたいして意味がない。「官僚主義の言葉」は残念ながら万国共通の普遍的な言語であって、国籍を問わないのである。

不幸中の幸いだったのは、滞在することなど予定もしていなかったオセールという田舎町が（そもそもそんな名の町があることさえ知らなかったのだ）、夏の日差しの中でじつに美しかったということで、町の修理工場に車を預けてから修理が終わるまでほとんどまる一日時間を潰すために町をぶらぶらしたときのことが、いまではぼくの記憶の中で通常の旅行の時間の流れをはみでた特別な思い出になっている。修理工場に車を取りに行ったのはもう夕方近くのことだったが、町を歩き回りすぎたせいか、町はずれの修理工場に行く道がわからなくなり、通りがかりの人のよさそうなおじさんに道を尋ねたら、あまりに人なつっこいので、どうしたらそのおじさんと別れられるかと、心配になったほどだ。こちらのフランス語力は正直なところ、道を聞くのがせいぜいで、とても雑談などできない。そんなことはぼくのフランス語を一言聞いただけですぐわかりそうなものなのに、このおじさんは道端に立ったままぼくを相手に何やら道とはまったく関係のなさそうなことを延々と話し出す始末で、こちらを大いに慌てさせた（それにしても、このおじさんはいったい何をあんなにしゃべることがあったのだろうか。いまとなっては永遠の謎であるだけに、ますます不思議な気がしてくる）。ぼくがベルリッツの旅行者用フランス語会話帖を振りかざしながら“Pardon, monsieur, mais je ne comprends pas”（すみませんが、わかりません）と何度繰り返してもおじさんは意に介さず話を続けようとしたので、こちらとしては道を教えてくれたことに対してできるだけ丁重な礼を言って（とはいっても、それは“Merci beaucoup”を連発するだけのことだったが）ほとんど無理矢理別れて、修理工場に向かったのだった。しかし、それにしてもパリっ子の愛想の悪さとはたいへんな違いである。日本に帰ってから、パリに長く住んだことのある友人のフランス文学者にこの話をすると、あっさり「そりゃそうだよ、パリは特別だからね」と言われてしまった。この論法で行くと、ニューヨークがアメリカでなく、東京が日本でないのと同様に、パリはフランスではないということになるのだろうか？

修理を終えた車を受け取り、旅を再開したのはもう夕食時に近いころだった。その後の旅は、順調で、少なくとも車に関する限りトラブルはまったくなかった。フランス東部のアヌシーというじつに美しい観光地を経てジュネーブにはいり、そこからさらに有名なモンブラン・トンネルを抜けてイタリアにまで足をのばした。時間があれば、イタリアにはもっと滞在したかったのだが、あいにくそういうわけにもいかず、ミラノで一泊するのがやっとだった。ミラノのホテルでは、また例によってベルリッツの会話帖（今度はむろんイタリア語版である）のお世話になった。フロントのイタリア人の男もいかにも陽気で、こちらがイタリア語をちょっと話すと、大袈裟に感心して、両手を振り回しながら「オオ、ナカソーネ！」などと言う。そんな名前を出されて、嬉しいというよりはむしろ迷惑な感じがしたが、向こうにしてみれば、「お前の国のことをちょっとは知ってるぞ」というほどの挨拶のつもりなのだろう。ぼくはイタリア語など勉強したことはないのだが、このとき付け焼き刃でちょっと会話の真似事をして感じたのは、フランス語などに比べてはるかに発音が楽だということだ。それもそのはずで、母音の体系は日本語とほぼ同じアイウエオの五音から成っているし、母音で終わるいわゆる「開音節」が多いのも日本語に近い。ホテルをチェックアウトするときも、“Posso avere il conto, per favore?”（勘定書きをいただけますか）などという文章が滑らかに口から出たので、われながら驚いたほどだった。

ところで、炎天下のイタリアのAutostrada（ハイウェイ）を走りながら思ったことだが、こういうイタリア語の特性は、暑い気候と関係があるのではなかろうか。つまり、暑い地方で話される言葉は熱を身体から発散させるために母音を多くして口を開ける傾向があり、寒い地方の言葉はその逆に、口を閉じる傾向にあるのではないか、ということである。口を開ける傾向にあるのは、やはり暑い国の言葉であるハワイ語も同様で、一例を挙げると、ハワイ語ではクリスマスのことを「カリキマカ」（！）という。英語のChristmasが訛ってできたものだが、英語では二音節の単語がハワイ語では見事に五音節になっている（笑ってはいけない。日本語だって、五音節になっているのは同じことなのだから）。怠慢のため、こういう問題について専門の言語学者が何と言っているか、まだ調べていないけれども、いかにも「寒そうな」感じのする子音の多いロシア語を「暖かそうな」イタリア語や日本語やハワイ語と比べると、ぼくの仮説もあながち根も葉もないでたらめとは言いきれないだろう。少なくとも、適当な測定装置を考案すれば、同じ量の情報を口頭で言う際に口から逃げる熱量を言語別に比較することは、可能なはずである。

ミラノの後はふたたび北に向かい、スイスを縦断してドイツにはいった。用事があって二日後には西ベルリンに着いていなければならないから、かなりきつい旅程である。そんなわけでドストエフスキーゆかりの地でもある、カジノと温泉の町バーデン・バーデンも残念ながらほとんど素通りして、ただひたすら北へ向かった。ドイツ語圏にはいって少し気が楽になったのは、ドイツ語を昔勉強したことがあって、少しはわかるはずだという思いがあるからだった（何を隠そう、ぼくは以前に好奇心からドイツのSFの翻訳を引き受けたことさえあるのだが、いまから思うと汗顔のいたりで、できたら抹消したい過去である）。それに、ドイツの場合、英語がよく通じるという気安さもある。実際、ドイツの宿ではこちらからはいつも頑張ってドイツ語で話しかけたのだが、なぜかいつも英語で返事をされ、なんとなくめげてしまった。向こうの英語がとてもうまいとは限らないのだから、ドイツ人が英語を話してくれるということは得意不得意の問題ではないようだ。これは、英語を知っていても話そうとしないフランス人の場合とちょうど裏腹な関係にあると言えるだろうか。

「ベルリンの壁」の絵はがき“俺だってベルリンっ子さ”

こういう国に長く滞在した人が、英語こそは世界の共通語だという一種の幻想を抱くようになっても、無理はないだろう。実際、一年ほど研究員として西ドイツに滞在した日本の科学者がそんなことを書いているのを、どこかで読んだ記憶がある。その科学者はドイツ語はあまりできなかったらしいのだが、彼が姿を現わすとそれまでドイツ語で話していたドイツ人の学者たちはすぐに彼一人のために英語に切り替えてくれたので、彼は何の不自由も感じなかったというのである。そんな体験から、彼は「学問の世界では英語こそいまや真の国際語であり、英語を話したがらないフランス人やロシア人のようなのは例外である」と言うのだが、どうして英語を話したがらな

（上）私が沼野です
（下）「壁」にポーランド語の落書き

い人たちを例外として切り捨てられるのか、ぼくにはわからない。ある外国語を話すこと（あるいは話さないこと）を選択するのは、単に能力や知識の問題ではなくて、文化やイデオロギーに深く関わることだという認識は最低限忘れないようにしたいと思う。

国際的に見て英語がけっしてニュートラルな言語でないことは、東ドイツにはいったときに思い知らされた。陸路で西ベルリンに行くには当然東独を横切って行くわけで、そのため国境の検問所でトランジット・ヴィザを取らねばならないのだが、検問所の職員は、“Sprechen Sie Englisch?”（英語を話しますか？）というぼくの質問にきっぱりと“Nein”と答えたのだった。たぶんロシア語ならば通じたのだろうが、かえって不審に思われる危険があるのでロシア語を使うことは用心して避けたため、ごく簡単な内容ではあったが、ドイツ語でやりとりをしなければならない羽目になった。

ベルリンまで来ると、ずいぶん「東」にきたという思いが実感として迫ってくる。ラジオを入れればAMでもロシア語や、チェコ語、ポーランド語などの放送がすぐ飛び込んできたし、東西ベルリンを隔てている有名な「壁」には「ぼくのイヴォナ！」というポーランド語の落書きがあった（「イヴォナ」はポーランド語の女性名）。ところで、この「壁」の前にはおもしろい立て札がしてあってなんだか妙に思われた。それは、"Achtung！Sie verlassen jetzt West-Berlin！" というもので、直訳すると「注意！　あなたはいま西ベルリンを立ち去るところである」となり、要するにここが西ベルリンの境界なのだということを言っているのだが、これがこういう場合ドイツ語として普通の表現なのか、それとも亡命しようとする者に対する警告の意味をこめているのか、しかし西から東への亡命のケースが多いとは考えにくいから、ここには一種のユーモアがこめられていると考えるべきなのか、とうとうわからなかった。いずれにせよ、ぼく自身はその翌日にはあわただしくベルリンを発って、四年ぶりの日本への帰路についたのだった。

中公文庫版への付記

「ぼくの蘭学事始」からここまでの三章は、一九八五年夏に車でヨーロッパを旅行したときの体験に基づいている。なにしろ四十年近くも前のことなので、それ以来ヨーロッパもずいぶん変わっただろう。標識や案内板に用いられる言語はいまではどんな感じなのだろうか（その間に日本では「国際化」にともない、英語だけでなく、中国語や韓国語による表示が増えた）。フランスではフランス人が英語を（たとえ知っていても）話さないという「神話」は、圧倒的な英語の世界的流通によってかなり崩れたようだ。いまではフランスで行われる人文学の国際学会で、フランス人が英語で報告をするのも珍しくないそうだ。そして、言うまでもなく、ベルリンの壁は一九八九年に崩れ、東西ドイツは統一され、ソ連の支配下にあった旧東欧諸国では次々に体制転換が起こり、ソ連は一九九一年に解体した。

ことばの旅行術・理論篇

「僕って何？」――人称代名詞について（1）

最初はごく気軽な語学旅行記のような体裁で書きはじめたエッセイだが、このあたりまで来ると、自分の書いているものがいったいどんなジャンルに属する書き物なのか、自分でも心もとなくなってくる。じつは初めの心積もりでは、旅行見聞記の部分は単なる前置きとして二、三章で片づけ、すぐに本論（と言えるようなものがあるとして）にはいるはずだった。ところが帰国直後のことで、印象の鮮明なうちにあれも書いておきたい、これも書いておきたい、ということが次々と出てきて、興味の向くまま書いているうちに、導入部がこんなにも肥大してしまった。これからいよいよ本論にはいるわけで、いままでのが実際の見聞に基づいた「実践篇」だとすれば、これから先は「理論篇」とでも言うべきものになるはずだが、実際にはそうきれいに分けられるものでもなさそうだ。もともとコトバというものは（そして人間というものも）そういうものなのだから、それはそれでよしとして、先に進まなければならない。

ところで、この機会にコトバと付き合う際のぼくの基本的な考え方を確認しておくと、まず第一に、コトバのおもしろさというものは、閉ざされた体系の中で規範的な視点から見ていただけでは、けっしてわからないということだ。「規範的」(normative)というのは、文法的にこれは正しいとか、あれは正しくない、というような視点からコトバを見ようとする態度のことで、日本では学校で外国語を教えるときこういう態度でばかり文法を詰め込むから、語学がおもしろくならないのだろう。こういった規範文法の最たるものは、何と言っても、あの受験英語という怪物である。そこでは、人工的に整えられた規範からの逸脱がすべて減点の対象になり、それがさらには人間の一生を決めるということにもなりかねないのだから、これはもう笑いごとではない。

それからもう一点、「閉ざされた体系云々」ということについてだが、これは要するに、日本語なり英語なりを絶対的なものとみて、その体系の中だけで物事を一般化しようとする傾向を念頭に置いて言っている。たとえば、僕が高校生のとき使った受験参考書には「appetite（食欲）という単語はアピタイトと発音するのであって、綴り通りにアペチットなどと読むのは馬鹿である」などと書いてあったものだが、他の外国語を少しでも勉強すれば、むしろ異常なのは英語の綴りのほうであって、多くの言語では発音は英語の場合よりもはるかにわかりやすい形で（つまり、「綴り通り」に）表示されていることがわかるはずなのだ。実際、ロシア語では「食欲」のことを綴り通りに「アペチート」と発音しているのだが、だからといってロシア人が馬鹿だということにはなるまい。しょせん、英語しか知らなければ、英語の綴りの特殊性も見えてこない、というごく単純な理屈なのだが、世の中には自分がたまたま知っていることや、外国旅行などでたまたま見聞きしたことを不用意に絶対化・一般化したがる人が多いので、困ったものである。

さて、前口上はこのくらいで切り上げ、この章では「理論篇」の取っかかりとして人称代名詞の問題を取り上げてみたい。

四年間のアメリカ生活を終えて一九八五年の夏帰国した僕が、このエッセイを書きはじめることになって直面した最大の問題は、自分を指す一人称単数の代名詞として何を使うかということだった。それ以前にも文芸雑誌などに文学についてのやや「固め」の雑文はちょくちょく書いていたのだが、そういう場合はできる限り一人称単数を避けていたので、たいして問題はなかった。逆に言えば、避けていても書けるような内容の文章だったということだ。ところが、このエッセイを旅行記のようなスタイルで始めようとした僕は、その「パーソナル」な内容から言って、一人称単数を避けることができないことを悟り、仕方なく「ぼく」を選択したのだった。この選択が正しかったかどうかは、いまでもよくわからない。ただ一ついま言えることは、もし「私」を選んでいたら、この連載の内容もかなり違ったものになっていただろうということだ。

そんなわだかまりがあったものだから、『國文學』誌の一九八六年の五月号に載った上野千鶴子・加藤典洋両氏による女性問題をめぐる対談を読んだとき、私が最も興味を惹かれたのは、男性の批評家が一人称単数の代名詞をどう処理しているかという問題に触れた箇所だったのである。そこでは、上野氏は加藤氏が評論でなぜ「ぼく」を使うのかと疑問を提出したうえで、こう発言されている。

私はね、だいたい〈ぼく〉という一人称を使う男性はみんな嫌いなんです。(笑)まず第一に甘えを感じますからね。三田誠広の『僕って何』もそうだし、村上春樹の小説もそうですが、〈ぼく〉ということばを使うことによって、いわば自分の立っている位置の特権性を、社会化された〈私〉から隔離されたところに確保するという戦略をとっています。まず第一にそういう甘えを感じて、「甘えるな、この野郎」と思っちゃう。(笑)

これ読んで、俺はなんだかがっかりしちゃったね。「甘え」なんて言葉で単純に一般化してほしくないな。だいたい、俺みたいな人間がちょっとした雑文を書くときだって、「ぼく」にしようか、「私」にしようかって悩んで四苦八苦するってのに、作家がものを書くときにそんなに無頓着に甘えで「ぼく」なんて書けるわけないよ。それに、現代日本の男性の用語法では、「私」が社会的によりかしこまった一人称であり、「ぼく」がもっと私的な一人称であり、その両者の機能がはっきりと使い分けられているというのであれば（筆者はそれは基本的に正しいと考えるが）、社会的に「私」と言うのを期待されている状況で「ぼく」を選択する行為は、甘えだけでなく、社会的規範からの逸脱という一種の反逆的側面も合わせ持っていると言えるのではなかろうか。もっとも、現代日本の社会で男性が「私」という代名詞を使う必要に迫られるのは大部分の場合、学校を出て会社勤めを始めてからのことであり、会社勤めの経験のない若い作家などの意識には、「私」と「ぼく」の対立などそもそも存在していないことが予想されるので、そのようないわゆる新人類にはいままで述べてきたことはまったく当てはまらなくなってしまう恐れがなきにしもあらずと言えるかもしれない。

男の使う「ぼく」が甘えであるかどうかという問題はひとまずおくとして、ここで明らかなのは、人称代名詞とはいっても、日本語の場合、使える単語が何種類もあって、それぞれがある種の社会的規範によって使い分けられている、ということだ。この「使い分け」を決定するのは、主として話す者（一人称）と話しかけられる者（二人称）の間の関係である。その関係は、親子や兄弟のような家族関係や、会社の上司と部下、学校の先生と生徒の関係など、さまざまなものが想定されるが、いずれの場合も決定的な要因となっているのは「目上」対「目下」の関係だろう。

このような複雑な人間関係は、ふつうヨーロッパの言語の人称代名詞の体系には持ち込まれない。たとえば、英語では、どんなに偉い老人であろうと、小さな子供であろうと、男であろうと女であろうと、一人称の代名詞はIでしかなく、二人称の代名詞はyouでしかない。つまり、同じ人称代名詞という名前では呼んでいるものの、日本語のそれは英語のそれとはまったく違ったものなのである。だから、日本語の「私」とか「あなた」を人称代名詞と呼んでいいものか、というような議論さえ起こってくるわけだ。そもそも人称代名詞という文法的概念は西洋から借用されたものであって、それが普遍的に世界の言語に当てはまるという保証はないのである。

このような視点から日本語と英語を比較すれば、人称代名詞（あるいはそれに相応する単語）の用法に関する限り、英語のほうがはるかに「民主的」だと言えるだろう。小生の知っているハーバード大学のある女性言語学者は、ロシア語・英語・日本語の三ヵ国語を同じように完璧に話す天才的トライリンガルで、どの言葉を話してもネイティヴ・スピーカーと聞き分けがつかないほど流暢だったが、英語で話すのがいちばん気楽だと言っていた。英語ならば話し手の間の社会的・年齢的上下関係や、男女差をあまり気にせずに話せるからである。英語にも敬語に近い語法や男女差がないわけではないが、それは日本語の場合に比べるとはるかに目立たないものだろう。一方、ロシア語は、英語と同様にインド＝ヨーロッパ語族に属しているから、人称代名詞の体系も英語の場合とほぼ同様なのだが、ただ、少々異なっているのは、二人称に親称（ты）と敬称（вы）の区別がある点である。これはフランス語の tu や vous、ドイツ語の du や Sie に相当する使い分けだが、現代英語ではこの区別はまったくないから、話相手が世界的な大学者であろうと、幼稚園児であろうと、you で構わないという気楽さがある。

そういう英語を日常的に使う環境から日本語の環境に戻ったとき、最初に感じた戸惑いは、やはり人称代名詞の用法に関してだった。これについては加藤典洋氏も、カナダに四年近く滞在して帰国したとき、まったく同様のことを感じたらしく、先に引用した対談の中で「カナダから帰ってきてから書きはじめたときに、一人称をどうするかというのは、大きな問題でした」と述べている。当方の場合は帰国後すぐに、自分が英語で書いた論文を日本語に翻訳する羽目になったので、身にしみてわかるのだが、一人称をどうするかという問題は、じつは私的な文章だけでなく、アカデミックな論文を書く際にも大問題なのである。やはり同じ対談で上野氏はこの点について、「アカデミックな論文というのは、実は無人称なんですね。誰が言っているかわからない。人称構造がわからないような書き方をしますでしょう。いわば相手に普遍性を強要するような、そういう書き方になっていますね」と発言している。これは日本語で書かれた論文の大部分にはあてはまるかもしれないが、英語で書かれた論文の場合、必ずしもそうではない。英語の場合ならば、アカデミックな論文でも必要に応じて「私は考える」と言うことができるが、日本語では「……ではないかと思われる」というような曖昧な構文をわれわれは好むようだ。いったい日本の学者は自分ひとりで「考える」ことができないのだろうか？

読書案内

鈴木孝夫『ことばと文化』（岩波新書、一九七三）および『ことばと社会』（中公叢書、一九七五）は、日本語の人称代名詞の構造を分析して、そのヨーロッパ語との根本的な違いを明らかにしている。この問題に関してまず読むべき基本的な文献。

千野栄一『言語学の散歩』（大修館書店、一九七五）に収められた「仮面のふしぎ」という章には、世界のさまざまな言語における人称の例が挙げられている。

野坂昭如『人称代名詞』（講談社、一九八五）は、俺・お前・彼・ぼく・あなたといったさまざまな人称から自分自身の多面性を描こうとした珍しい「方法論的」小説。

金谷武洋『日本語に主語はいらない』（講談社、二〇〇二）は、主語の問題に焦点を当て、英語文法をむりやり日本語に当てはめてはならない、と説く。

John Lyons, *Introduction to Theoretical Linguistics* (Cambridge U.P., 1968) は定評ある入門書で、「人称」の項目も簡潔ながら、たいへん要領よく書かれている。

あなたを愛しています――人称代名詞について（2）

まだ物心つくかつかないかというころ読んだ外国文学の翻訳で、娘が父親に「私はあなたを愛しているわ」などという箇所があったことを、いまでも鮮明に覚えている。子供心にも、ああガイジンというのはさすがに言うことが違うなあ、と妙な感心こそしたものの、けっして下手くそな翻訳とは思わなかった。子供にしても純真すぎたのだろうか、翻訳をするのは偉い先生に決まっているから、下手な翻訳、まして誤訳などするわけがない、と思い込んでいたのか。それとも、外国人が日本人でない以上、日本人とは違った風にしゃべるのも当然のこととして受け止めていたのか。いまとなっては、もう自分でもわからないことだし、まあ、そんな詮索はある意味ではどうでもいいのだが、それから二十年後の自分が翻訳にたずさわり、そういった表現をいかに自然な日本語に変えるかで（自然というのがここでは虚構にすぎないにしても）四苦八苦することになるだろうなどと聞かされたら、あの時の少年はいったいどんなことを考えただろうか。自分の読んでいる翻訳書がいいものと悪いものに分かれるなどとは夢にも思わず、すべてが不分明な薄明のような世界に浸りながら至福の読書体験を送ったかつての少年が後に専門として選んだのはたまたまロシア語とかポーランド語といった「特殊言語」であったため、当然、翻訳の秘密を手取り足取り教えてくれるようなアンチョコに出会うこともなく、初めはまったく手探りで、それこそ「アイ・ラヴ・ユー」に相当するごく単純な表現が出て来るたびに、二時間も三時間も考え込むという日々が続いていたのだった。などと言うと、駆け出しの翻訳家がいかに刻苦勉励して自分の技を磨いていったか、という苦労話のようだが、実際はそれほどすがすがしい話ではない。訳せそうで訳せない、透明なようでいて底知れないごく単純な文章を前にして何時間も考え込めば、取るに足らぬ一文といえどもゆるがせにしなかったということで、翻訳家の良心とやらは満足させられるかもしれないが、実際には語学的に満足のいく解決を見出せないどころか、満足のいく解決が原理的に不可能ではないかという泥沼までのめりこんでしまい、挙句の果てに、いつも気に染まぬ訳文を妥協の産物として人目に晒すという日常は、控え目に言っても、精神衛生上あまり好ましいものではない。

そんなことはノウハウの問題さ、とプロの翻訳家なら言うだろうか。ヨーロッパの言語の人称代名詞と、日本語のそれは根本的に違うのだ。原文にいかにたくさんの人称代名詞がちりばめられていようとも、日本語ではできる限り省略してやればいい。そうすれば、日本語として「自然な」訳文ができるというものさ。君は『翻訳の世界』といった類の雑誌をのぞいたことがないのかね？　そんなことは、プロの翻訳家を目指し、こういう雑誌を買って勉強している人たちなら、どんな初心者といえども知っている常識じゃないか。なるほど、『翻訳の世界』を開くと、その種のたいへん便利な情報がすぐ目に飛び込んでくる。便利な世の中になったものだ、とまだ若い（と少なくとも自分ではそう思っている）ロシア文学研究者はまるで老人のような感慨を抱かざるをえない。だが待てよ。これは、翻訳の技術だけの問題なのだろうか。あれはこう訳せ、そうすれば「抵抗のない」自然な日本語になります、というような公式を信じきって日々の実践をこととするのは、たしかに職業上の必要悪かもしれないが、そのとき、原文と訳文の間にあったはずのあのなんとも居心地の悪い齟齬（そご）の感覚はどこに行ってしまうのか。これは本当に、英語ではそう言うところを、日本語ならこう言う、といった次元の説明でわかったような気になっていいことなのだろうか。

もちろん、そうではあるまい。言語が人間の世界観と密接な関わりを持っている以上、言語表現の差異は、また世界観の差異を（少なくともある程度は）反映しているはずだからである。だから、英語なりロシア語で人称代名詞を多用し、日本語でその使用をできるだけ避けるという現象は、当然、彼我の世界観の差異を指し示していると考えられる。では、英語で娘が父親に「アイ・ラヴ・ユー」と言うとき必ず一人称単数の代名詞「I」を使い、日本語でほぼ同じ（イクィヴァレント〔と信じられている〕）ことを表現しようとするとき「パパ、大好き」のように主体を示す代名詞を言わないほうが普通であるという事実からただちに、「英語を話す人間は確立した自我を持っているが、日本人にはそれがない」などという結論が導き出せるものだろうか。よくよく考えるとこれもまた、ひどく単純化された杜撰な論法だが、現在ではこれが、それなりの真実を含まないこともない比較文化的通説になってしまっているようだ。

たとえばここに『パパ・ユーア クレイジー』という、翻訳の行為を始めから放擲してしまったような題を堂々と冠した一冊の翻訳書がある。原作者ウィリアム・サローヤンがアルメニアからの移民の息子であり、ことによったらその英語にも両親の母語アルメニア語の影響が認められるかもしれない、などということはここではさしあたって問題ではない。ここでサローヤンを取り上げたのは、実はこの翻訳が、原文の人称代名詞を可能な限り「省略」せずに訳すという反＝翻訳的な直訳の戦略に貫かれているという点で、注目に値する試みだからなのである。もっとも、単に直訳ということならば、「何が彼女をそうさせたか」式の直訳が真面目に試みられた時代のほうがよっぽど過激だったわけで、本書の訳者伊丹十三氏のやり方がいささか時代錯誤的だとは言えても、いまさらこの程度の直訳で驚くにはあたるまい。問題は、そのような直訳の戦略が単に日本語の表現に新奇さをもたらすために採用されたのではない、という点にある。翻訳書を解説から読みはじめるという、識者に軽蔑されながらも実際には誰もがためらわず実践している簡便な読書法に従って、まず伊丹氏によるあとがきを読んでみることにしよう。

〔……〕私はこの小説を翻訳するに当って、自分に一つのルールを課すことにした。すなわち、原文の人称代名詞を可能な限り省略しない、というのがそれである。「僕の父は僕の母に、彼女が僕と僕の父を彼女の車で送ることを断った」というような文章に読者がどこまで耐えうるかは私にも自信はないが、しかし、仮にこれを「ママは車で送ってくれるといったがパパは断った」というふうに訳すなら、この小説は、そのような積み重ねの結果、遂には、少々風変わりではあるが、やさしくて物判りのいいお父さんの子育て日記という水準にとどまってしまっただろうと思われる。

英語で育てられるということは生ま易しいことではない、と私は思う。どんなにやさしかろうが、物判りがよかろうが、それは親が自分の自我を小さくして子供と一体化してくれるということではないのだ。親と子供の間といえども、ことごとにアイやユーが立ちはだかる、差異と対立の世界であり、父親はそのような言語の世界の代理人であるがゆえにこそ、その存在そのものが、母親と幼児を引き裂くものとして機能するのだ。

たしかに理路整然とした主張である。それもそのはず、その背後にあるのは、「西欧人-人称代名詞-確立した自我」対「日本人-人称代名詞を省略する-確立した自我を持たない」というかなり単純な比較文化的図式なのだが、それでは、人称代名詞を省略せずに律義に日本語の構文の中にうまくはめこんでやれば、日本人に自我が確立するなどという議論が成り立つものだろうか。話がそこまで行ってしまえば、これはもう日本人の国際化とか、日本人改造論といったレベルの馬鹿げた妄想のようなもので、訳者の伊丹氏もそんなことが可能だと信じているわけではないだろう。なるほど、英語の you を原則として「あなた」に置き換えるという方針に従って、伊丹氏は主人公の少年に「あなたも混乱してるの、父さん?」などと言わせており、それはそれなりに衝撃的な日本語になっているのだが、ひとたび「you＝あなた」という約束事を会得してしまえば、その途端に衝撃は消え失せる。そうか、ガイジンの子供はこういう風にものを言うのか。というわけで、日本語の特権的な非人称性は安泰なのである。そもそも、人称代名詞が「省略される／省略されない」といった二項対立的発想が西欧的なのだから、「日本語においては人称代名詞が省略される」と考えること自体が、西欧的な人称代名詞という制度の視点から日本語を断罪しているようなものではないか。日本語において人称代名詞は省略されるのではない。もともとそんなものは必要とされていないのである。これは、人称の体系によって世界をある階層的な秩序に置く西欧の言語の立場からすれば、どうしようもない混沌であるわけだが、そうだとすれば、このような日本語の世界は、その混沌の豊かさをはらんだまま、西欧的な「差異と対立」の制度を宙吊りにしてしまえるような底力を秘めているかもしれないのである。

　西欧語とは根本的に違う日本語のそのような可能性には誰もがうすうす気づいていたはずなのだが、西欧的な制度の解体という戦略（いわゆるデコンストラクション）を先取りする形で最も挑発的にそれを突きつけたのは、何と言っても蓮實重彦氏の功績だろう。すでにかなり広範に読まれており、そこに述べられている反＝制度的な主張自体がいまでは制度に祭り上げられてしまっているという、著者自身には責任の取りようのない逆説的事態の苦渋に満ちた『反＝日本語論』という書物では、ほんのちょっとした家庭生活の挿話が感動的に語られる。たとえば、日本語とフランス語の二言語併用者（バイリンガル）として育ちつつある五歳の息子に「あなた、まだ、ごはんたべる？」と突然日本語（？）で問いかけられたとき、「いささかの衝撃をおぼえた」ことを、蓮實氏は正直に告白している。伊丹氏の翻訳に現われる「あなた」が、日本語の体系に人為的に持ち込まれた一つの抽象にすぎず、したがって衝撃力を持ち得なかったのに対して、蓮實氏の体験はあくまでも個人の実生活という不可侵の領域のことであり、その限りではこざかしい理論的批判を越えた具体性と衝撃性の刻印を押されているとは言えるだろう。だが、じつはそんなことはさして重要ではない。重要なのは、蓮實氏が翻訳のノウハウをこととする教師よろしく、「フランス語の人称代名詞の tu は、この場合日本語の〝あなた〟には対応しない」と息子に教え込むことによって違和感を解消させるのではなく、むしろ違和感に徹底的に身をゆだねることによって、言語の背景にある「制度」なるものを批判する契機を夢見たということだ。『反=日本語論』という書物全体が美しい夢に似ているのはそのためであり、語学的観点からこの本の立論の不備な点を批判することは可能であるにもかかわらず、そうすることにほとんど意味がないのも、この本が美しい夢に似た何かであるからだろう。

読書案内

ウィリアム・サローヤン著、伊丹十三訳『パパ・ユーア クレイジー』（ワーク・ショップガルダ、一九七九。新潮文庫、一九八八）。

蓮實重彦『反=日本語論』（筑摩書房、一九七七。ちくま学芸文庫、二〇〇九）。

なお松浦寿輝の「物語」と題された詩（『松浦寿輝詩集』、思潮社、一九八五所収）は、「あなたを愛しています」という表現が日本語でもいかに美しく響き得るかを示す、驚くべき実例だが、ここでは一人称の代名詞は意図的に排除されている。

「私」と「きみ」のあいだ――人称代名詞について（3）

実話かどうかよくわからないのだが、ともかく、きみはどこかで（たぶんよくある英会話上達法の類だろう）こんな話を読んで、妙に感心したことがある。「和製英語には充分気をつけないと、とんだ恥をかくことがあります。たとえば、ある日本人の商社マンは、アメリカ人に〈マイ・カー（つまり、個人で所有する自家用車の意味で）を持っているか〉と尋ねようとして、うっかり"Do you have my car?"と言ってしまい相手を怒らせてしまったそうです。もちろん、マイ・カーというのは、日本語だけで通用する表現で、英語では『私の車』という意味にしかなりません。だから、この文章は〈お前は俺の車をとったか〉と聞いているようなもので、こんなことを急に言われたら、アメリカ人が怒るのも当然でしょう。」きみは英語力にはたいした自信はないけれども、少なくとも自分ではこんな間違いは絶対にしないから、しばし優越感にひたってしまう。しかし、ときみは考える。問題は、和製英語に注意しましょうなんてことではないはずだ。もっと大事で、本質的なことは、どうしてこのような間違いが出て来るのか、この背後にはどのような言語的・文化的差異がひそんでいるのか、という問題ではないのか。

なるほど、日本語にはこの手の和製英語は他にも「マイ・ホーム」「マイ・ペース」な
どというのがあるくらいで、所有代名詞のこの種の独特な用法は自動車の場合だけに限られているわけではなく、むしろかなりプロダクティヴなものと言ってもいいだろう。だとすれば、これは代名詞の用法をめぐる英語と日本語の根本的な相違に関わってくる可能性がある。そこで、まわりくどいことかもしれないが、きみはこういった表現の背後にある「世界の見方」を少々検討してみることにする。この表現の大前提となるのは、言うまでもなく、客体としての車が存在し、それに対して主体である「私」が「所有」という関係を持つということであり、その関係が「マイ」という言葉によって表現されている（図1参照）。これは、「私」という一個人とその所有物に適用される限りにおいて、日本語の場合も英語の場合もほぼ同様だが、問題はその先である。ここに「私」以外の他者がはいってきて、その他者の視点から図1の関係を見た場合どういうことが起こるか。英語の場合、車だけでなく、それを所有する「私」をふくむ関係の全体が客体化され、この関係は your という代名詞によって表現される。つまり、視点の転換に応じて、my が your に変わったということである（図2）。ところが、日本語の場合、他者によって「私」が車と同様に客体化されることはなく、むしろここで生じるのは、他者が心理的に「私」と同一

図1

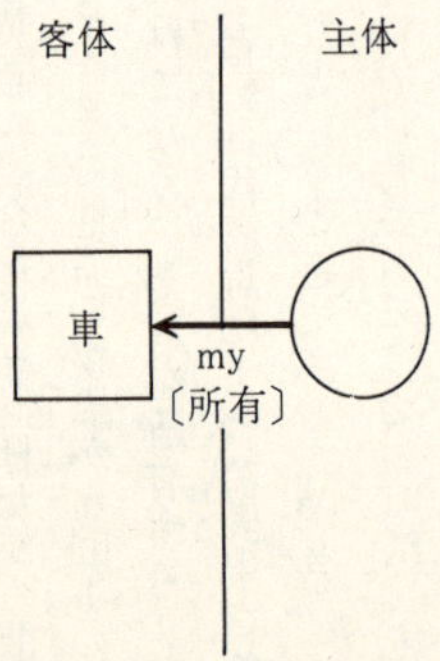

主体　客体

車

my
〔所有〕

図2

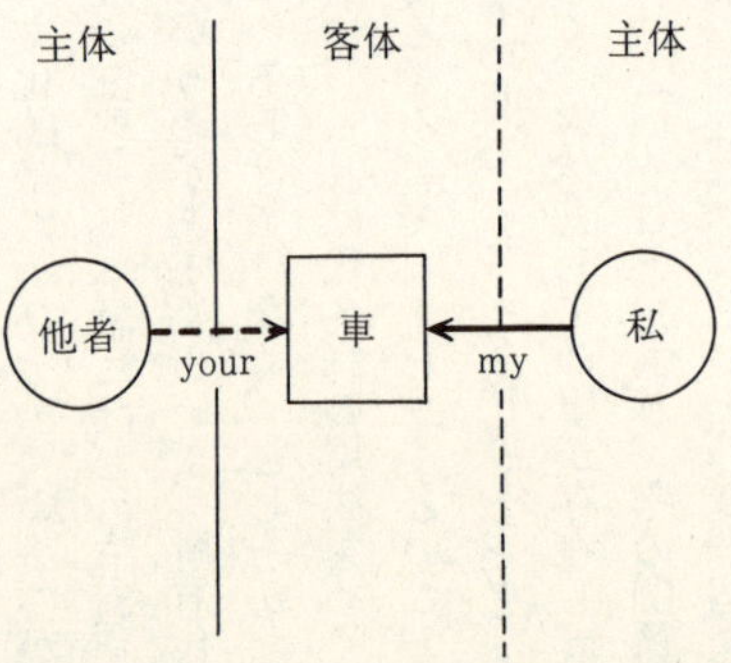

主体　客体　主体

私　車　他者

my　your

化するという現象だろう。つまり、他者は「私」の立場になって車という客体を眺めるわけで、車との関係は my のままで変わらないということになる(図3)。

　英語と比べた場合際立ってくる日本語のこのような特徴は、じつは日本語の人称代名詞の体系全体にあてはまることであり、それを社会言語学的な立場から明確に定式化した鈴木孝夫氏の用語によれば、日本語における自己規定のしかた(つまり主体である「私」と他者との関係のありかた、と言い換えてもいい)は「相対的・対象依存的」であり、「私」が人称代名詞を選択する際には相手との(特に家族の内部では最年少者との)「心理的同一化」という現象が見られるということになる。だからこそ、小さな男の子に対する大人の「ボク」という呼びかけが成り立つのだし、若夫婦に子供ができると(それまでどのように甘ったるい名前で互いを呼びあっていたとしても）、急に「パパ」「ママ」と互いを呼ぶようになるのである。

こう見てくると、日本語とヨーロッパ語の人称代名詞の用法の違いの背後には、たしかに文法の違い以上のもの、つまり「世界の見方」の違いに通ずる何かがあると言えそうだが、ここで一言断わっておきたいことがある。これまでは便宜上、ヨーロッパの言語としては英語の例だけを挙げてきたが、ここで扱っている問題に関する限り、他の多くのヨーロッパの言語でも大差はないため、一応「ヨーロッパ語」などという杜撰な言い方を採用しておこう。しかし、一口にヨーロッパ語といっても実際にはそう呼ばれるべき一枚岩の抽象的な体系が存在しているかどうかは怪しいもので、安易な一般化は慎まねばならない。たとえば、蓮實重彦氏の『反＝日本語論』はフランス語のみによってヨーロッパ的な思考の制度を代表させてしまっており、論旨の中にもフランス語の論理に無意識のうちによりかかっている面があって、それがこの本のもの足りない点になっ

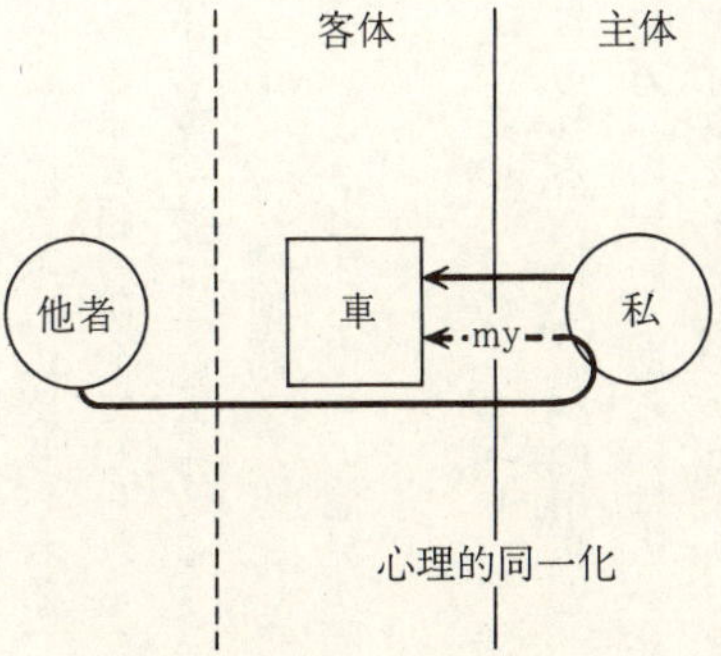

図3

主体
客体
私
車
my
他者
心理的同一化

ているようにきみには感じられる。それに比べると、アメリカ・インディアンの言語の一つであるホピ語の研究で知られるウォーフは慎重で、ホピ語とヨーロッパ語の思考体系を比較する際、彼は一応バルト・スラヴ諸語を除くSAE（Standard Average European 平均的ヨーロッパ標準語）などという概念を導入しているが、それでもここには、英独仏を中心としようとする根強い偏見が顔を出していると言えるかもしれない。

さて、そのような「ヨーロッパ語」自体の問題はひとまずおくとして、そこにほぼ共通して見られる人称代名詞の用法と、日本語の場合とを比較して、いったいどのような「世界の見方」の違い、あるいは広い意味での「文化」の違いが想定できるだろうか。日本文化が「対象依存型」で「気配り」を重んじる「甘え」の文化だとすれば、ヨーロッパの文化はさしずめ、他人の気持ちをおしはかることのない自己主張型の「弱肉強食」の文化だとでもなるのだろうか。あるいは、『反＝日本語論』の蓮實氏のみごとな表現によれば――

フランス語とは、まず何よりも「排除」の体系なのだ。「人称代名詞」の三つの人称の間には、その一つを口にした瞬間に、相互の緊張関係が働く。そして、その三つの人称は、かりにある複数性の中に融合しているかにみえながらも、たがいに相手をうけいれず、「優位」と「劣勢」の関係を顕在化させずにはおかない。ところで、日本語の「ぼくたち」、「われわれ」には、こんな「排斥」作用が含まれているであろうか。そこにあるのは、「ぼく」あるいは「われ」の、無数の共犯的融合ばかりではないか。

さらに、蓮實氏はこの論点を押し進めて、そもそも西欧的文化というもの自体が血なまぐさいと言ってもいいほど殺伐とした「排除」と「選別」の思考体系によって支えられているとまで主張している。しかし、これは、ちょっと言いすぎではないか、ときみは不安を感じはじめる。日本と西欧の文化がいくら違うと言ったって、しょせん同じ人間のことなのだから、そんなに違っていいものだろうか。西欧に「ロンドン塔」の残虐行為があったというなら、日本だって同じくらい残酷な刑罰はいくらでもあったではないか。殺戮行為があったのは、なにも西欧だけのことではない。しかし、蓮實氏のような考え方をするのは過激な少数派とは言えないようだ。たとえば、サローヤンを訳した伊丹十三氏もまったく同じようなことをあとがきで書いている。

西欧文化というものは自我が確立してしまったがゆえに、その自我を起点に、あらゆる対象との間に距離を生じてしまう、主体と客体の断絶の文化であり、日本の文化は、逆に主体同士が距離を否定し、自分をゼロとすることによって相手と空想的に一体化しようと目論む母子原理の文化であるから、一人の子供が英語で育てられるか、日本語で育てられるかということの差は決定的なものである。

こうまで言い切られてしまっては、ちょっと反論もしてみたくなるというものだろう。英語か日本語かということが、それほど決定的ならば、日本人と英国人（あるいはアメリカ人）は決定的に違うということなのか？ 決定的に違うというのは、互いにけっして理解しあえないほど違う、まったく別な生物だとでもいうことか？ そもそも、ヨーロッパ語の人称代名詞が「断絶」とか「排除」に支えられた西欧的思考を端的に反映しているという見方は、日本語の場合との差異を強調するあまり、その他の重要な機能を見逃した一面的な見方ではないのだろうか。

ここで、きみはふと、いつか大学のロシア語の時間にテキストとして使ったことのある愛すべき小品を思い出す。ソ連の児童文学作家パンテレーエフの筆による『あなた（トゥイ）という文字』という短篇は、イリーナという幼い女の子がロシア語のアルファベットを学ぶ際に出会った思いがけない障害を描いた傑作である。ロシア語のアルファベットの最後はЯ（ヤー）という文字だが、先生にこれはЯ（ヤー）だよ、と言われてもイリーナはそれがのみこめない。ロシア語でЯ（ヤー）とは、それ一文字で一人称単数の代名詞になるから（ちょうど英語のI（アイ）と同様である）、イリーナはかわいそうに、それが先生その人を表わす文字かと思い、「それがあなた（トゥイ）っていう文字なの？」と真顔で聞き返すのだ（ты〔トゥイ〕は、二人称単数の代名詞）。つまりここで人称代名詞Я（ヤー）は先生という個別のケースだけに適用される固有名詞ではなく、大人にも子供にも、あらゆる主体に適用されうる普遍的な概念なのだが、幼いイリーナには名前とそれによって指し示されるものとの間の個々の具体的な対応関係は把握できても、それを普遍的なレベルにまで抽象化できないのである。ヨーロッパ語の人称代名詞の「断絶」の機能を強調する論者がなぜか見落としがちなのは、まさにそれが同時に持つ強烈な「普遍化」の機能ではないかと思われる。

　ところで、蓮實氏や伊丹氏の主張の前提になっている考え方をもうちょっと一般的な形で言えば、言語と文化の間には密接な関係があり、言語はそれを話す人間の世界観を根本的な部分で規定している、ということだろう。じつはこれは、言語学においてサピア＝ウォーフの仮説（言語的相対論）として知られているものに他ならない。魅力的な考え方であることは確かだが、ここで強調しておかねばならないのは、これはあくまでも仮説であって、証明済みのことではない、ということだ。このような考え方を無邪気に押し進めると、言語のタイプと文化のタイプを単純に結び付けようとする俗説に結局つながっていく危険があるし、また差異を強調するあまり、人間としての当然の共通性を見失う恐れもあるだろう。互いの間の溝の大きさを測る作業も大事だが、その前提になっているのは、こんなに互いに違っているのに、なんとか理解しあうことができるということを素直に驚くセンス・オヴ・ワンダーではないか。そのことも忘れないようにしたい、ときみは思う。

読書案内

サピア＝ウォーフの仮説については、ウォーフ著『言語・思考・現実』（池上嘉彦訳、弘文堂）に詳しい。また、サピア Edward Sapir の古典的名著 *Language* (1921)（リプリントのペーパーバックあり）の第十章「言語・人種・文化」も一読に値する。

Ronald Wardnaugh, *An Introduction to Sociolinguistics* (Oxford, Basil Blackwell, 1986) はたいへん読みやすい社会言語学の入門書だが、この本の「言語と文化」という章は要領よくさまざまな論点をカバーしている。

ガイ・ドッチャー『言語が違えば、世界も違って見えるわけ』椋田直子訳（ハヤカワ文庫NF、二〇二二）は、サピア＝ウォーフの仮説を批判的に再検討しながら、人間の思考・知覚と言語の関係をより科学的に探った本。

パンテレーエフの短篇は、手頃なところでは《Забавные истории》（Moscow, 1980）という学習用テキスト集に収められているものがある。

外国語は体を張って読もう

【筆者、机に向かって腕を組んだまま、しばらく動かない。と、急に頭をかきむしり、猛然と書きはじめる】これもどこかで聞いた話で、実話ではなさそうだが、語学の教科書ではあまり問題にされないジェスチャーの重要性を教えてくれる、おもしろい挿話がある。英語をまったく話せない日本人のおばあさんが、アメリカでひとり暮らしをすることになった。ある日のこと、おばあさんの家が火事になり、二階建の建物の一階がすでに火に包まれ、二階にいた彼女は下に降りて逃げることができなくなってしまった。もうかなりの歳だから、窓から飛び降りるなどということはできない。外を見ると、あいにく、そばには誰もいなかったが、遠くのほうに通行人（アメリカ人）の姿が見える。ただし、よほどうっかりした人間なのか、おばあさんの家が火事だということには気づいていないようだ。おばあさんは、声を張り上げて通行人の注意を引き、「こっちに来て、助けてください」というつもりで、手招きの動作をした。すると、通行人もにこっと笑って同じような手招きの動作をして、すたすたと歩み去って行くではないか……

まあ、あまり趣味のいい話とは言えないから、この後のおばあさんの悲劇的な運命について書くのは控えておくが、なぜ、こんなことが起こる可能性があるのか、説明するのは簡単だ。日本人なら誰でも知っているように、日本では、人を呼び寄せるための手の動作は【ここで筆者、机に向かったまま、実際に手を振ってみる】、手の甲を上にして手首から先全体をひらひらと上下に動かす。つまり、招き猫のポーズである。ところが、欧米の多くの国では、これとほぼ同じ動作がほとんど正反対の意味「バイバイ」を表わすのだが、そういう文化の中で育っていない日本人にとって、これは教えてもらわないと理解できないことなのだ。もっとも、外国生活を経験したことのない日本人でも、勘がよければ、外国映画などからこの程度のジェスチャーについてはいくらでも学ぶことができるはずだろう。しかし実際には、欧米人にくらべてもともとジェスチャーを用いることが少ない日本人は、他人の動作から意味を読み取ることにも慣れておらず、「ガイジンさんは何事につけ、身振りが大袈裟だ」などという一般論は口にできても、ではどこがどう違っていて、それがコミュニケーションでどういう意味を担っているか、までは観察できないのが普通のようだ。

ひとごとみたいに話を進めてきたが、こういうぼく自身も、アメリカ人のジェスチャーの意味を取り違えて、恥ずかしい思いをしたことがある。留学のためにアメリカに渡ってまもなくのことだが、ある日大学のキャンパスを歩いていると、遠くのほうから、クラスメートの若いアメリカ人の女の子がぼくに向かって、「おいでおいで」とでも言わんばかりに手を振っているではないか。こんなことはめったになかったので、ぼくは嬉しくなり、方向を変えていそいそと彼女のほうに向かった。【ここで筆者、照れたように笑って、頭を掻く】ところが、ぼくが接近しはじめたのを見て、彼女はなんとなく迷惑そうな表情を浮かべた。彼女の前までやって来ると、ぼくはしばらくじっと待っていたが、妙なことに彼女のほうも黙ったままで、ぼくが何かを言うのを待っている様子だった。この時になってようやく、ぼくは自分の誤解に気づいたのだが、もう手遅れで、ぼくはその場の気まずい雰囲気を取り繕うために、何やらもぐもぐと言葉にならない声を発し、早々に退散したのだった。

この失敗をした後で不思議に思ったのは、こんな簡単なことを——しかも外国人と実際にコミュニケーションをする場合絶対知らなければいけない基本的なことなのに——日本の学校では、いったいなぜ教えてくれなかったのだろう、ということだ。こんなことはぼくが改めて言うまでもないのだろうが、どうやら、学校で教える文法中心の外国語とは、受験という選別の体系に便利な道具として使われているだけで、外国人と交流を持つために「実際に使える」道具などとしては考えられていない、というのが真相のようである。

だから、外国語を実際に使う場合には不可欠の「非言語的」(nonverbal) な要素は、文法に無関係なものとして切り捨てられてしまうのだろう。

もっとも、これは教育制度だけの問題ではない。おそらくより本質的なのは、ジェスチャーとか身振りとか呼ばれるものに関する誤解が最近まで根強くあって、それが「非言語伝達」(ノンバーバル・コミュニケーション) の本格的な研究を妨げていたという事情ではないだろうか。【筆者、ちょっと筆を休めて顎を掻く。なんだか、論文口調になってきて困ったゾ、といった表情】その誤解というのは、ぼくの考えでは、以下の二点に要約できる。(1) 情報伝達の際に、最も重要なのは「言葉」であって、ジェスチャーなどの言葉にならない部分は補助的な役割を果たしているにすぎないのだから、わざわざ研究するまでのこともない。(2) 人間にとって基本的なジェスチャーは普遍的で、万国共通のものだから、わざわざ研究しなくとも、理解できる。

まず第一の点だが、こういう考え方は最近の研究によって根本から覆されている。しばしば引用されるアルバート・メラビアンという心理学者(アルメニア系アメリカ人)の実験によれば、人間どうしの日常的なコミュニケーションの際に、純粋に言葉のみによって伝達される部分はわずか七パーセントで、残りの九三パーセントは声の調子や顔の表情、身振りなど、聴覚と視覚によって伝達されているのだという。じつはこのように流布しているのは、メラビアンの研究の俗流の解釈であって、メラビアンが主張したのは正確に言うと、コミュニケーションにおいて言語・声の調子（聴覚）・身体言語（視覚）の三つの基本要素が互いに矛盾したメッセージを送っている場合（わかりやすい例を挙げれば、言葉では「嬉しい」と言いながら悲しそうな顔をしているといった場合）、メッセージ伝達において果たす割合は言語が七％、聴覚が三八％、視覚が五五％だということだった。いずれにしても、ふだん「外国語」の名のもとに学校で教えられているものなど、じつはコミュニケーションの現場で使われている手段のわずかな一部にすぎないということは、確かなようだ。第二に、ジェスチャーがどのくらい普遍的かという問題だが、これは最初に挙げた例が雄弁に語っているように、必ずしも普遍的ではない、というのが結論になる。もちろん、人間として国籍・民族を問わず、先天的に持っている共通のものもあれば、肉体的にあらかじめ制約を受けるものもあるから、たとえば、基本的な喜怒哀楽の表情はだいたいどこでも同じだし、「手を上げろ」と言われて、手を三本上げられる人間はふつういない。

そもそも、ジェスチャーには身体の動きによって作られる具体的な形が必ず伴うわけだが、その形をどう解釈するかについては、自明に見えることが多いので、あるジェスチャーとその意味の間には何らかの「必然的な」関係があると思われがちである。一方、近代の言語学では、単語＝意味するもの（シニフィアン）とその単語によって意味されるもの（シニフィエ）の間の関係は「恣意的」だとするのが普通である。つまり、「ネコ」という単語と、その単語によって示されている動物の間には必然的な関係はなく、これは一種の社会的な約束事にすぎないわけで、もし今日から「ネコ」を「ネズミ」と呼びましょう、ということで皆が合意できるならば、そうすることに反対する言語学的な理由は見当たらない。しかし、言語のこのような「約束事」としての性格は、じつはジェスチャーの場合にもかなりあてはまるのであり、あるジェスチャーの体系を持つ文化の中で育った人間は、その体系を知らず知らずのうちに修得してしまうが、外国人にこの「約束事」の体系が通用するとは限らないのである。

ジェスチャーの「約束事」が理解できないために生じた誤解や曲解には、最初に挙げた例に限らず、世界中にいろいろと愉快なものがあって、これだけで一冊本が書けるくらいだろう。たとえば、頭を縦に振るのは肯定（イエス　ただし、普通の日本語では、縦に振るのは「首」であって、「頭」ではないから、要注意）、横に振るのは否定（ノー）、という約束は、万国共通のように思われがちだが、インドの一部やブルガリアではこれが正反対になるから厄介である。また、ロシアには、人指し指と親指で作った輪を首にあて、人指し指で首を弾くという独得のジェスチャーがあり、「一杯やろうじゃないか」という意味で広く使われているが、これなども、教えて貰わなければ外国人にわかるはずがない。実際、若き日のロマン・ヤコブソンが目撃したところによれば、イタリアの未来主義者マリネッティがモスクワにやって来たとき、外国語を話せないロシアの前衛画家ラリオーノフが彼に向かってこの仕草をしたが、理解されなかったので、「こんなこともわからないのか、でくの坊め」と怒りだしてしまったという。

その他、ぼくが比較的よく知っているロシア語のジェスチャーだけでも、ずいぶんおもしろいものがある。指を折って数を数える場合、ロシア人は普通小指から順に折ってゆき、親指が五番目になるが、日本人の場合は、逆に親指から折りはじめるのが標準的だろう。また、ロシア人が親しい者どうしで使う強い意味の「ノー」を表わす身振りに「クーキシ」(英語ならば、fig と呼ばれるジェスチャーがこれに相当)というのがある。これは、親指を人指し指と中指の間に突き立てた形で握り拳を相手に示す身振りで、その形からいって当然欧米では、性的な侮辱表現となるが、ロシアでは、嘲笑、侮蔑、強い拒絶などの意味で使われ(粗野なジェスチャーであることに変わりはないが)、卑猥な意味が込められることは普通なく、女性が用いることも珍しくない。もともと中世ロシアでは危険や呪いから身を守り、悪魔を追い払うためのジェスチャーであったらしい。

OK

手招き

アメリカ

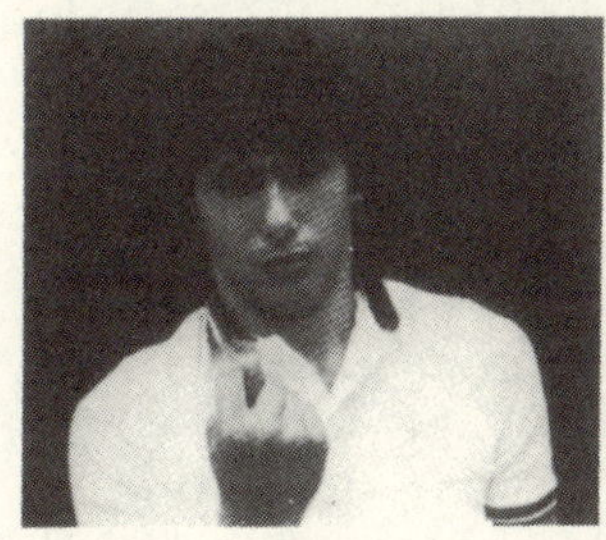

クーキシ

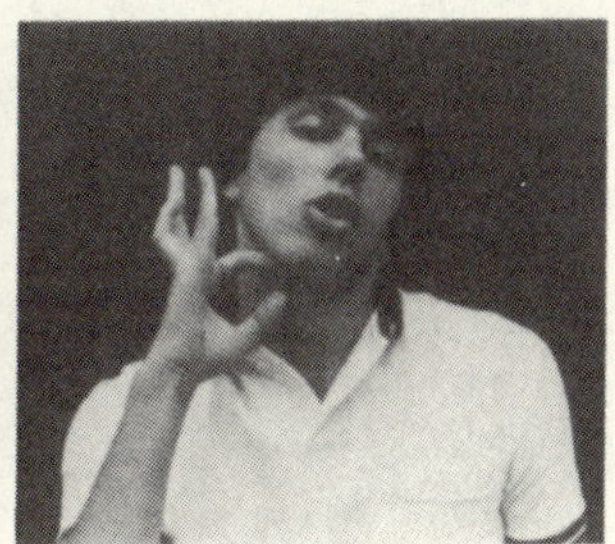

一杯やろうぜ

ロシア

ところで、性的なジェスチャーといえば、日本人が気をつけなければならないのは、親指と人指し指で輪を作って相手に示すという仕草だろう。これは、アメリカではOKの意味、日本ならお金の意味になるが（ただし、現在は日本でもアメリカ式の意味で用いられることが多いようだ）、ラテン・アメリカではこれが猥褻な意味で使われるとのことである。

ジェスチャーの形や意味には、このように国や民族によって大きな違いが見られるが、じつはそれ以前の問題として、どのくらいたくさんジェスチャーを使うべきか、という基準もまた同様に異なっていることを知らなければならない。日・米・ロシアの三国民を例に取ると、身振りがいちばん少ないのは日本人で、それに比べてアメリカ人は身振りが派手に見えるが、それでもある学者の研究によると、平均的なアメリカ人が使う基本的なジェスチャーは三十くらいしかないそうである。それに比べて、圧倒的に身振りが多いのがロシア人ということになる。

ここでは、身振り言語のおもしろさのほんの一面に触れただけだが、これを研究することはそれ自体として興味深いだけでなく、実用的にもとても大事だと思う。文学作品の翻訳の際に、身振りの意味を誤解したために、登場人物の感情がわからなくなる、ということもまれではない（口先では嘘を言いながらも、ジェスチャーが本心を表わしている、などという描写さえ文学には出てくる可能性があるのだ)。それにもかかわらず、ジェスチャーの勉強がおろそかになりがちなのは、結局文法で手一杯ということなのだろうか。外国語はやはり、体を張って読まなくては！【筆者、勢いよく両手を振り上げる。これはもちろん「バンザイ、原稿がやっと書けたぞ！」の意味】

読書案内

ノンバーバル・コミュニケーションに関する研究はかなり増えてきて、日本語で読めるものも多いので、その代表的なものを数点だけ挙げる。

ジュリアス・ファスト『ボディー・ランゲージ』(石川弘義訳、読売新聞社、一九七五)。

W・フォン・ラフラー゠エンゲル編著『ノンバーバル・コミュニケーション』(本名・井出訳、大修館書店、一九八一)。

E・T・ホール『沈黙のことば』(大江三郎訳、南雲堂、一九六六)、『かくれた次元』(日高・佐藤訳、みすず書房、一九七〇)。

ラム＋ウォトソン『ボディ・コード』(小津次郎他訳、紀伊國屋書店、一九八一)。

英語の身振りについては、小林祐子『身ぶり言語の日英比較』(ELEC、一九七五)や、中野道雄＋ジェイムズ・カーカップ『ボディ・ランゲージ事典』(大修館書店、一九八五)、またロシア語の身振りについては、Акишина и Кано, Словарь русских жестов и мимики(東京、ナウカ、一九八〇)と、Barbara Monahan, *A Dictionary of Russian Gesture* (Ann Arbor, Michigan: Hermitage, 1983)がある。

野村雅一『しぐさの世界——身体表現の民族学』(NHKブックス、一九八三)、『ボディランゲージを読む』(平凡社、一九八四)。

なお、ロマン・ヤコブソン「首の振り方によるイエスとノー」(『ヤーコブソン選集』第二巻所収、大修館書店、一九七八)は、ブルガリア人の首の振り方を扱ったたいへんおもしろい論文。

挨拶はおもしろい

「皆さん、こんにちは。ただいま過分なご紹介にあずかりました、梅草甚一でございます。私のような若輩者がこのような晴れがましい場の末席をけがさせていただくこと自体、僭越なことでありますのに、そのうえ、何か挨拶をしろ、という突然のご指名でたいへん弱っております。そもそも、ここにいらっしゃいます諸先生方をさしおいて私ごときが言うべきことは何もないはずですが――」

会場からの野次「それなら何も言わなきゃいいだろ！」

「いえ、まあ、それは、あの、言葉の綾というやつでして。ほら、日本語によくあるでしょう、たとえばですね、人に物をあげる時に〈つまらない物ですが〉と言ったり、お客さんに食事を出すときに〈何もありませんが〉と言ったりというようなことが。もちろん、本気でそんなことを思っているわけじゃありません。そんな次第ですから、ここでは挨拶というものについて日ごろ抱いておりますつまらない卑見を二、三披露いたしまして、ご挨拶に代えさせていただきたいと思います。

その、なんですね、挨拶ってものは、ふだんわりと軽んじられているというか、あんまり真面目に取り上げられることがないようです。一つには、この忙しいスピード時代にそんな意味のない悠長なことをしていられるか、なんて気持ちが働いていることもありますけれど、もう一つ、〈こんにちは〉だの、〈おはよう〉なんてのは簡単で自明なことだから、いまさらとやかく言う必要もあるまい、という見方も根強いんじゃないでしょうか。〈英語を話せますか?〉と聞かれて(まあ、英語じゃなくても構わないんですが)、〈いえ、ほんの挨拶程度です〉なんて謙遜なつもりの答え方をする人がよくいることからも、それはわかると思うんです。そういえば、先日乗った電車には、〈挨拶だけの英会話から、使える英会話へ〉なんて謳い文句を掲げた英会話学校の広告がぶら下がっていたくらいです。

でも、これはちょっと違うんじゃないでしょうか。日本の場合だって、民俗学者の指摘によれば、昔は人前で挨拶がきちんとできるということが、一人前の大人の条件だった地方があるということですし、いまだって、挨拶をおろそかにすると、学生さんの場合はともかくとして、社会人であれば、〈あいつは挨拶もロクにできない奴だ〉なんて言われちゃうわけです。日本人が日本語で挨拶をする場合でさえ、これほど厄介なんですから、これが外国語になったらたいへんなもんですよ。もっとも、英語なんかの場合は、日本語ほど複雑な敬語の体系もないし、日本語よりストレートに感情を表わすから、挨拶にしたって、日本語の場合ほど面倒なことはあるまい、と高をくくる人が多いかもしれません。いや、じつはそこが一種の落とし穴なんで。私に言わせれば、ある外国語でどんな場合にも挨拶がきちんとできたら、もうその言葉はマスターしたも同然です。要するに挨拶っていうのは、本当はそれほどむずかしいということです。

たとえば、英語で〈おはよう〉は"Good morning !"であり、〈こんにちは〉は"Good afternoon !"だと習うでしょう。これが、ぜんぜん違うんだなあ。私はアメリカの大学で二年間、寮生活を送ったことがありますが、同じ寮に住むアメリカ人の友人たちとこのような挨拶を交わしたことは一度もありません。彼らが同世代や年下の人間に普通何と言うかっていうと、これはもう、時刻を問わず圧倒的に"Hi !"（ハイ！）ですね。それなら、もっと簡単でいいじゃないか、と思う人がいるかもしれませんが、そうは問屋がおろさない。〈ハイ！〉だけでは百点満点のせいぜい三十点くらいのところでしょうね。じつは、この後に必ず、相手の名前（ファースト・ネーム）をつけないといけないんです。ところが、多くの日本人はこれが苦手で、私なんかの場合（ひどい話ですが）、最初の頃はどのアメリカ人も同じような顔に見えたから、廊下ですれちがったときなど、とっさに相手の名前なんか出てくるわけがない。大体、アメリカ人のファースト・ネームは、マイクだの、ジョージだの、ごくありふれたものに集中していますから、こっちはついうっかり取り違える、なんてこともあるわけです。

要するに、相手の名前をきちんと覚えて、それをしっかり挨拶の中に組み込む、というのが、アメリカ人の挨拶の基本なんですが、こういうことを教えてくれる日本の英会話学校は意外と少ないんじゃないでしょうか。いや、これは教えてもらって、頭でわかっていても、なかなか実行できることではない。挨拶のとき相手の名前をしっかり言う文化の中に育っていない以上、われわれ日本人としては、そう簡単に頭を切り替えられるもんではありません。ところで、名前の話が出てきたついでに、ちょっと付け加えさせていただきますと、話相手の名前をどのように、そしてどのくらい頻繁に呼ぶかということについては、それぞれの言語に固有の習慣というものがあって、欧米諸国がぜんぶ同じというわけではけっしてありません。特に、アメリカ英語は〈形式ばらない〉点を大きな特徴としていて、ちょっと親しくなると目上の人に対してもファースト・ネームで〈ジョン!〉なんて平気で呼びかけることができる。しかし、イギリスではこうはいかないようですし、ドイツになると、たとえば大学の教授に対しては〈ヘル・ドクトル・プロフェッソル……〉などとありったけの肩書をつけてやらないと失礼になると言われています。またソ連時代のロシアでは、革命後に呼称が民主化されて、何でもかんでも〈タヴァーリシチ〉(同志)を名字の前につければいいことになっていたんですが、実際にはこれは私的な日常会話では好まれず、普通には別の言い方が使われていました。

アメリカ人がファースト・ネームを好んで使う傾向に話を戻しますと、これはやはり日本人には――特に年配の方には――抵抗があるようです。私なんかは（自分でいうのもなんですが）若かったから、気楽でいいやと思っていましたが、中年以上の方、それも日本で高い社会的地位を占めている方であればあるほど、嫌だと感じるケースが多いようです。自分が軽んじられているような気がするからでしょうか。そういえば、私がアメリカで知りあった日本人で〈エリカ〉という名の日本人女性がいまして（これは本名だそうですが）、この方は以前日本の大学で英語を教えていたほどですから、英語のプロと言ってもいいんですが、それでも、みんなに初対面からいきなりエリカ、エリカと〈呼び捨て〉にされるのがひどく癪にさわると言っていました。もちろん、これはアメリカ人の感覚から言えばけっして〈呼び捨て〉ではないんですが、当のエリカさんには、それが犬や猫を呼ぶような言い方に感じられてならなかったそうです。私も日本人ですから、そういう感覚はわからないこともないんですけど、ただ、〈自分は日本人なんだから〉ということで頑なに〈ミスター・ナカソネ〉式の呼び方に固執していると、敵意を抱いているのではないかと疑われたり、必要以上に疎遠な感じを与えたりする恐れがありますから、これは注意したほうがいいでしょうね。

「こんな風に、一見簡単そうな挨拶も名前がはいってくるともうそれだけでかなり紛糾してしまうわけですが、日本人が抵抗を感じるのは、何もファースト・ネームの用法だけではありません。ごく単純で基本的な挨拶の表現も、いったん教科書を離れて生活の場での〈現実〉となると、問題を生じることがしばしばあります。たとえば、やはり私の知っている中年の日本人男性ですが――この方は技術者として長くアメリカの企業に勤め、仕事の関係で文字通り世界を股にかけてきた人なんですが――それにもかかわらず、〈俺は"How do you do?"なんて英語の挨拶は好きになれないね〉などと言い張り続けて、アメリカ育ちのお嬢さんに笑われていたほどです。彼に言わせると、〈ハウ・ドゥー・ユー・ドゥーってのは、もともとは、お前は何をするかって意味だろう。余計なお世話じゃないか。そんなこたあ、初対面の人間になんか教えてやりたくないね〉ということになるんですが、これを単なる語学的無知による誤解として片づけられないのは、私にも似たような感覚が少しは残っているからでしょうか。これは、どのくらい多くの日本人に共通する感じ方か、わかりませんが、ともかく私はアメリカで暮らしはじめた最初のころ、"Have a nice day!"といったタイプの別れの挨拶に少々こだわりを感じました。親しい友人にこういうことを言われるのなら、結構なのですが、デパートで下着を買っても、酒屋でビールを買っても

（上）ロシア人の男同士の抱擁と接吻
（歓迎の挨拶）
（下）お辞儀

“Have a nice evening !”などと言われては、〈この買い物をしたからといっても、そのおかげでいい晩を持つかどうかは、こっちの勝手であって、そんなことまでいちいち命令されてたまるか！〉とでも言い返したくなったものです。もっとも、そんなことを本当に言えば、それこそ〈ろくに挨拶もできない〉社会不適合者としてつまはじきにされていたでしょうが。こういうことに対する感じ方は、各人の出身国の文化のあり方（文化といっても、挨拶の体系などを含む広い意味の文化ですが）によって大幅に変わってくるもので、アメリカで出ているロシア語新聞に載ったコラムで、〈ハヴ・ア・ナイス・デイ〉という英語の表現はなんてすばらしいんだろう、という賛嘆の言葉を亡命ロシア人が書いているのを読んだことがあります。ちなみに、店などの売り子の愛想の悪さに関してソ連は文句なしに世界最悪の国の一つだったわけで〈スパシーバ〉［ありがとう］なんて言葉は店員の口からは絶対聞けない）、ソ連からの亡命者が感激するのも無理はありません。

「与えられた時間をすでにだいぶ超過しておりますので、そろそろ結論めいたことにはいらせていただきますが、英語の挨拶の常套句に対するこの種の反応は、日本人の場合も、ロシア人の場合も、挨拶の儀式性を忘れ、そこに〈意味〉を読み取りすぎている点で誤っていると言えます。挨拶とは、そこで述べられる言葉の中身によって重要な情報を伝達するようなものではなく、すること自体に意義がある行為であります。よく、形式だけで内容空疎な挨拶を批判する人がいますが、挨拶なんてものはもともと内容などなくったって構わないんですから、そういう批判は的はずれなものとしか言いようがありません。内容は問題とせず、ともかく話すという行為そのものによって人間関係を保つというのは、じつは言語にとって本質的な機能の一つであり、ポーランド出身の人類学者マリノフスキや、ロシア出身の言語学者ヤコブソンは、それを"phatic"（交感的）というやけにむずかしい英語の形容詞で呼んでおりまして、まあ、必要以上にむずかしい単語を使いたがるのは外国人の悪い癖ですが、要するにこれは〈おしゃべり機能〉とか、〈挨拶機能〉と考えればいいのではないでしょうか。どうもとりとめのない話になってしまって誠に恐縮ですが、内容のまるっきりないこの拙い話をもちまして、本日のご挨拶に代えさせていただきたいと思います。みなさん、どうもご清聴ありがとうございました。さようなら。」

〔一九八七年四月一日、日本挨拶協会発足記念パーティにて〕

読書案内

Bronislaw Malinowski, "The Problem of Meaning in Primitive Languages", in C. K. Ogden and I. R. Richards, *The Meaning of Meaning* (London, first published 1923).

Roman Jakobson, "Linguistics and Poetics", in *Selected Writings III* (The Hague, 1981).

鈴木孝夫「あいさつ論」(『ことばと社会』所載、中央公論社、一九七五)。

小林祐子「あいさつ行動の日米比較研究」(『日本語学』(明治書院) 一九八六年十二月号)。

『言語』一九八一年四月号(大修館書店、特集・あいさつの言語学)。

丸谷才一『挨拶はむづかしい』(朝日新聞社、一九八五)。

竹内整一『日本人はなぜ「さようなら」と別れるのか』(ちくま新書、二〇〇九)。

中公文庫版への付記

大人でも互いに気安くファーストネームで呼び合うというアメリカ流のやりかたに対する日本人の抵抗感は、その後だいぶ薄れたのではないだろうか。かつて一九八〇年代に中曽根康弘氏が総理大臣だったとき、アメリカのロナルド・レーガン大統領と親しくファーストネームの愛称形で呼び合い、「ロン-ヤス関係」を構築したことは一種の政治的功績としてよく知られているが(「アメリカの大統領とこんなに親しいんだぞ!」というわけだ)、これは先駆的なものだった。その後の日本の首相の中では、世界の首脳を誰でもファーストネームで呼ぼうとする傾向は安倍晋三氏が目立っていた。ただし公の場でファーストネームを過剰に使うのは英語でも失礼な場合があるし、またこのアメリカ的な流儀がどの国にも通用するとは限らない。

安倍氏は首相時代にロシアのプーチン大統領と積極的に会談を重ね、日ロ関係の改善に努力し、会談後の記者発表などでもプーチン大統領をウラジーミルと何度も呼んで親密さを演出しようとした。特に印象的だったのは、二〇一九年九月の東方経済フォーラム全体会合という大きな場での安倍首相のスピーチだった。彼は次のようにプーチン大統領に呼び掛けた。「ウラジーミル。君と僕は、同じ未来を見ている（……）ゴールまで、ウラジーミル、二人の力で、駆けて、駆け、駆け抜けようではありませんか」。

しかし、残念ながらこれは「片思い」に終わってしまったようだ。プーチン大統領が安倍首相のことをお返しに「シンゾー」と呼ぶことはなかった。これは日ロ間の越えがたい政治的な溝だけの問題ではない。ロシア語の観点から言えば、このように大きな公の場で、親しさを強調しようと他国の大統領の名前をファーストネームで連呼するのは、あまり礼儀正しいふるまいとは言えない。これを聞いて失笑しそうになったロシア人もいたそうだ。ロシア語の「言葉の文化」はアメリカ英語の場合とはちょっと違うのである。

誤解について

有名なバベルの塔の伝説によれば、もともと人間の言葉は一つだったから、外国語を勉強する苦労もこの世に存在しなかった。ところが、人間は天に達するような高い塔を作ろうとしたため、その高慢さに腹を立てた神は、人間を罰するためその言葉を〈乱し〉、塔の建設を不可能にしてしまった。言葉が互いに通じ合わなければ、「おーい、そこの煉瓦(れんが)を一つ、こっちに放ってくれ！」などというごく簡単な指示を相棒に理解させることも、当然不可能になり、巨大な塔の建設という共同作業も潰え去るほかはなかったのである。

バベルの塔の建設に失敗した人類は、それ以来、言葉の「壁」に苦しめられながらも、なんとか相互理解に到達しようと努力してきたわけだが、相互理解が困難であればあるほど、じつは、人類の言語が一つであったかつての「黄金時代」への憧れは抑えがたいものとなる。たとえば、十五世紀末にクリストファー・コロンブスが大航海に乗り出したとき、ヘブライ語に堪能な者を通訳として探検隊に加えたと言われるが、それは、当時、ヘブライ語が「神聖な聖書の言語」として全人類の祖語と信じられていたからだった。つまり、未知のいかなる人種と出会おうとも、学識のある者とならば、ヘブライ語で意思の疎通ができるにちがいないという、なんとも素朴な信念がその背後にはあったのである。十九世紀以来西欧で興った比較言語学の原動力となったのも、ひょっとすると、人類の言葉がただ一つであった、失われた黄金時代を取り戻したいという、空しい願望だったのかもしれない。

ところが、言葉の世界は実際には絶望的なほど多様であり、外国人どうしがばったり出会えば、言葉というものはまず通じないもの、と考えたほうが現実に近い。現代のことであれば、銀座通りを闊歩（かっぽ）するアメリカ人が日本語を話さないからといって、いちいち驚くような日本人はいないだろうが、大昔、異邦人どうしが初めて遭遇したときの互いの困惑は想像にかたくない。「野蛮人」を意味する英語のbarbarianの語源は、ギリシャ語の「バルバロス」だが、これはもともと、「吃音者」という意味だった。つまり、古代ギリシャ人にとって、言葉とはギリシャ語のことでしかなく、ギリシャ語を話さない異邦人はすべて、まともに言葉をしゃべれない野蛮人だったというわけである。現代ロシア語で「ドイツ人」を意味するнемец（ニェーメツ）という単語の場合も、同様である。これは、語源的に「唖者」から派生した単語であり、元来「不明瞭にわけのわからないことを話す者」の意味で、ロシア語を話さないあらゆる異邦人について用いられたという。

どうも、こうなってくると、外国語との接触の歴史は、いまはやりの「異文化理解」などというきれいごとではなく、意固地さや独善性、差別意識などに由来する無理解と誤解に満ちたものではなかったのか、という気がしてくる。実際、人がいかに外国語を誤解してきたか、を示してくれる悲しくも滑稽な証拠の数々は、現代人の辞書のあちこちを彩っている。たとえば、英語で「ばか」とか「まぬけ」を意味する nitwit という名詞。これはなんと、「私は知らない」を意味するオランダ語の“(ik) niet weet”から来ているという説がある。英語を理解しないオランダ人が、英語で何かを聞かれたとき、真顔でそう答えたところを、皮肉屋のイギリス人に真似された結果できた侮辱語なのだろうか。

似たようなことは、言葉の通じない者どうしが出会う至る所で起こっている。一説によれば、メキシコ湾に突き出た半島に上陸したスペイン人が、現地のインディオに「この土地の名前は何というのか」と尋ねたところ、“Yectetan”という答えが返ってきた。「ユカタン半島」という地名はそうしてできたのだというが、じつは、インディオの答えはせいぜい、「え、何だって?」程度の意味しかなかった。要するに、インディオにはスペイン人の言ったことが理解できなかったのである。戸口の上の明かりとりの窓を意味するフランス語の vasistas(ヴァジスタース)という単語も、同様な誤解の結果できたものと言われる。どう見てもフランス語らしからぬこの単語は、じつはドイツ語の“Was ist das?”(これは何か、の意味）に由来する。『言葉の世界』の著者ゲーリー・ジェニングズの説明によれば、十九世紀になるまでフランス語には、このような明かりとりの窓を表わす単語が存在しなかった。そこへドイツ人の観光客か何かがやってきて、ドイツ語で「これは何か？」と聞いたものだから（ドイツ人にも、この明かりとりの窓は珍しいものだったのだろう）、ドイツ語を解さないフランス人は、勘違いしてそれが窓の名前だと思い込んだというわけである。ずいぶんこみいった誤解だし、そもそも“Was ist das?”程度ならば、第二外国語としてドイツ語を勉強しはじめて一週間の学生でも知っているくらいの基本的な文章だから、それを窓の名前と取り違えるフランス人というのもあんまりだ、という気もするが、では、それ以外にどんな語源的説明が考えられるだろうか？

　やはり似たようなケースとしてよくひきあいに出されるのは、「カンガルー」の語源である。オーストラリアで初めてこのすばらしい動物を見たイギリス人が、現地人に英語で「これは何という動物か？」と尋ねる。現地人はもちろん英語などわからないから、素直に「わからない（カンガルー）」と自分の母語で答える。その答えを聞いたイギリス人は、それが動物の名前だと思い込む……。もっとも、このまことしやかな語源説は、どうやら後世の虚構らしい。**OED**（『オックスフォード英語辞典』）なども、これを無根拠な俗説として退けているが、こういう俗説が流布したということ自体は、けっして無意味なことではないだろう。先に挙げたいくつかの例からもわかるように、このような誤解は実際にいかにもありそうなことだったのである。

語源に関するこの種の俗説を「民間語源」(folk etymology) と呼ぶが、この分野には、まだまだ誤解に基づいた珍説・奇説がめじろ押しに控えている。たとえば、カリフォルニア州の Yreka (ワイリーカ) という奇妙な町名の由来がおもしろい。昔、この町のパン屋が看板を出そうと思って、BAKERY という文字をペンキで布に書き、乾かしていた。たまたまこのパン屋の店先を通りがかった旅人が、この布を裏側から読んでしまったのだが、Bの文字だけが欠けていて、YREKA というのが町の名前だと思い込んだ。そして、結局、これが正式な町の名前として広まることになった、というのである。ジェニングズは、この説を紹介しながら、ワイリーカを「間違いによって名づけられた地名」の一つとしているが、トム・バーナムの『ミスインフォメーション辞典・続編』によれば、どうやらこの説を広めた張本人はマーク・トウェインらしく、「ワイリーカ」というのは、現地の先住民の言語で単に「白い山」の意味だという。もっとも、ワイリーカにパン屋があったのは本当のことだそうだから、もしも YREKA BAKERY という看板が出ていれば、これはもう見事なパリンドローム (前から読んでも後ろから読んでも同一になる語句、回文) である。

民間語源のことはさておき、外国語に関する無知ゆえの誤解という話題にもどると、このジャンルの極め付きは、何と言っても、ジョン・アッシュという英国の辞書編纂者によるもので、気の毒なことに、このアッシュ博士は、自分の失策ゆえに、英語の辞書編纂史上に永遠に名を残すことになってしまった。ジェニングズの『言葉の世界』によれば、ことの次第はこうである。英語には curmudgeon（つむじ曲がり）という奇妙な単語があるが、この語源が誰にもわからなかった。十八世紀の高名な辞書編纂者ジョンソン博士もその語源をつきとめられなかったのだが、ある匿名の人物が彼に手紙をよこして、この単語はことによるとフランス語の cœur（心臓、心）と méchant（意地悪な、邪な）の組み合わせから由来しているのではないか、という説を提示した。ジョンソン博士はこの説を自分の辞書でも紹介し、さらに説の出所を明らかにするために、「未知の文通者」という言葉を付け加えた。つまり“cœur méchant, Fr. unknown correspondent”としたというのである。ところで、ジョンソン博士の追随者であったアッシュは、自分の辞書を作る際にも、ジョンソン博士の辞書の内容を大幅に転用した。そして、curmudgeon の語源に関しても自分の偉大な先達に従ったのだが、悲しいかな、このとき、信じがたい無知が暴露されてしまった。驚くなかれ、アッシュ博士は、cœur はフランス語で unknown の意味、

méchant は correspondent の意味だ、という注釈を堂々とつけたのである。

これなどは極端な例で、誤解とか、誤訳というよりは、要するに無知だったの一言に尽きるのだろうが、理解したつもりになっていても、文化的ギャップゆえに必然的に生じてしまう誤解というものもたしかに存在する。その好例として、ロシア語の верблюд〈ラクダ〉という単語（ポーランド語で wielbłąd、チェコ語ならば velbloud）の成立事情をここで紹介しておこう。語源をさかのぼって行くと、この単語はラテン語の elephantus やギリシャ語の *ἐλέφας* にまで辿りつくのだが、これは英語の elephant と同じで「象」の意味である。では、どこでどのようにして、象がラクダに化けてしまったのか？

中世のスラヴ人に「象」に関する情報を伝えたのは、ゴート人であった。そして、ゴート語で「象」を意味する単語 ulbandus も同時にスラヴ人に受け入れられ、それが歴史的な変化を遂げた結果、現在のスラヴ諸語（ロシア語、ポーランド語、他）の「ラクダ」を表わす単語になったと考えられる。ゴート人はスラヴ人に、「象ってものは、とっても大きい動物なんだ」と説明したことだろう。ところが、あいにく、中世のスラヴ人は、本物の象を一度も見たことがなく、彼らがそれまでに見たことのある最大の動物は、ラクダだった。そこで結局、ゴートの象が、スラヴのラクダになってしまったというわけだ。外国の大きなものが、自国の偏狭な基準によって矮小化（わいしょうか）させられてしまうというのは、なんとも身につまされる語ではないか。

それにしても、さまざまな誤解があるものである。しかも（不謹慎な話かもしれないが）、誤解はたしかにおもしろい。しかしこの種の誤解をここに集めてみたのは、好事家よろしく、珍品を収集して愛でたいというような気持ちからではないし、まして、誤解した人々を憫笑することによって、歴史の進歩を確認したいからでもない。一つだけここで言っておきたかったのは、誤解が、取り除こうと努力すれば完全に取り除けるような性格のものではないということ、つまり、誤解とはことによると、コミュニケーションの本質的な一部なのかもしれない、ということだ。人は、正解を追うことに汲々とするあまり、切り捨ててしまっているものの大きさに気づいていないのではないだろうか。少なくとも、正解と誤解が常に相補的なものだ、ということは忘れないようにしたい。

読書案内

Gary Jennings, *World of Words: The Personalities of Language*（New York, 1984）.
Tom Burnum, *More Misinformation*（New York, Ballantine Books, 1980）.
Dmitirij Ciževskij, *Comparative History of Slavic Literatures*（Vanderbilt U. P., 1971）.
Eric Partridge, *Origins: A Short Etymological Dictionary of Modern English*（New York,

1983）.

Max Vasmer, 《Этимологический словарь русского языка》, trans. from German, 4 vols. （Moscow, Progress, 1964-73）.

持つべきものは「偽の友」

スターリンが独裁者として猛威をふるっていた時代のことだが、あるチェコ人がひょっこりソ連にやってきて、スターリンに謁見することを許された。クレムリンの中に通されたこのチェコ人は、そこの贅沢で豪華な暮らしぶりに感嘆し、スターリンに向かって、慣れないロシア語で「なんと美しい生活でしょう！」とお世辞を言った——いや、そう言ったつもりだったのである。ところが、彼がその言葉を発するやいなや、信じがたいことが起こってしまった。スターリンのお付きの者たちは、笑いをこらえるのに必死となる一方、スターリンは自分の腹に一瞬目をやってから、顔を真っ赤にして怒りを爆発させた。気の毒なことに、当のチェコ人は杳として姿を消し、その後の消息は不明である……

もちろんこれはジョークだが、それにしても、チェコ人はいったいスターリンに何と言い、そのどこが致命的に間違っていたのか。彼が「美しい生活」のつもりで言ったロシア語は「クラースヌイ・ジヴォート」（красный живот）だった。これは、チェコ語の「美しい（クラースニー）」（krásný）と「生活（ジヴォト）」（život）を、形の上で対応するロシア語の単語にそのまま置き換えたものにすぎない。元来、チェコ語とロシア語は同じスラヴ系の言語で、互いに近い関係にあるから、文法の面でも、語彙の面でも共通するものを多く持っており、この種の「置き換え」はかなりの程度まで可能である。しかし、この場合に限って（悲劇的なことに）、単純な「置き換え」は不可能だった。ロシア語の「クラースヌイ」はたしかにチェコ語の「美しい」と語源的に同じものだが、現代ロシア語では「赤い」の意味だし、ロシア語の「ジヴォート」に至ってはなんと、「腹」の意味になってしまっているからである。

つまり、チェコ人が「あなたの生活はなんと美しいのでしょう！」という称賛の意をこめて言った言葉は、ロシア語では「あなたのおなかはなんて赤いんでしょう！」という意味にしかならなかった。もちろん、赤は美しい色だし、腹が生活（＝生命）を維持するために欠かせないものであることくらい、落ち着いて考えれば理解できないことはないが、だしぬけに「腹が赤い」と言われては、スターリンも驚いただろう。ついでながら（誤解されると困るので）、「赤が美しい」という感覚はもともと共産主義とは何の関係もない。おそらく昔のロシア人にとって、赤は特に美しい色とされていたので、元来「美しい」を意味した単語が後に「赤い」という意味に転用されるようになったものと考えられる。モスクワにある有名な「赤の広場」も、共産主義とは無関係で、その名称は十七世紀後半から「美しい広場」の意味で用いられていたものだという。

「赤い腹」はもちろん極端な例だが、同じ語源を持つ言葉、あるいはほとんど同じ形の言葉が異なった言語で異なった意味に用いられるという現象自体は、ごくありふれたことで、翻訳家の「偽の（不実な）友達」false friend という呼び方もあるくらいである。このような「偽の友達」の存在は、なにもヨーロッパの言語間に限られた現象ではない。日本語の場合を考えても、即座に同様の例をいくつも挙げることができる。たとえば、英語からの外来語のなかには、「マンション」「モーテル」「タレント」といった「偽の友達」が数多く紛れ込んでいる。日本の「マンション」に住んでいるアメリカ人が自分の現住所を恥ずかしがる、といった話はいまだによく聞くし、ぼく自身も、「アメリカ国内を車で旅行したときは、毎晩安いモーテルに泊まった」と日本の友人に言って妙な目で見られたことがあった（アメリカでは「モーテル」は、車で旅行する人のための簡易ホテルを指す。日本では車ごと乗り入れられるラブホテルを指すのが普通）。

以上は日本語と英語の間の例だが、じつは、「偽の友達」のもっと豊かな宝庫は、日本語と中国語や朝鮮語／韓国語（煩雑なので、以下便宜的にコレア語と呼ぶ）の間に発見することができる。言うまでもなく、中国語がコレア語や日本語の語彙に与えた影響ははかり知れないほど大きく、中国語の単語が大量に——発音はそれぞれコレア語流・日本語風に変化してはいるものの——取り入れられている。そうして輸入された多くの単語の中に、もとの用法を離れて、別の意味で使われるようになるものがあっても不思議はない。

二、三例を挙げてみよう。中国語の「感謝」(gǎnxiè)という言葉は、日本語の「感謝」と同様な意味を持ち、岩波書店の『中国語辞典』を見ても、そっけなく「感謝(する)」という語義が載っているだけだが、『日本人の誤りやすい中国語表現三〇〇例』という便利な本によれば、中国語の「感謝」は「物質面のお礼にかたむき、特に言葉と行動で返礼することを表す」。したがって、中国語では「私は彼に対して非常に感謝しています」などという文脈で「感謝」という単語は使えない。日本人にありがちな「気持ちのうえでの」(口先だけの?)感謝の場合は、中国語では「感激」と言う。それからおもしろい例をもう一つ。中国語で「手紙」と言えば「ちり紙」のことだそうだ(これは納得できる?)。

コレア語における漢字起源の言葉にも、同様に日本語との不思議なずれを感じさせてくれるものが少なからずある。コレア語の「議論」は、日本語の「相談」だし、「海馬」といえばタツノオトシゴかセイウチのこと(ただし、これは中国語元来の用法である。ついでながら、タツノオトシゴはロシア語や英語など、多くのヨーロッパ語でも文字通り「海の馬」という)、「男便」は「亭主」、「食母」は「女中」のこと、といった具合である。もっとも、ハングルも読めないくせに民衆書林版『韓日辞典』をぱらぱらめくってみた印象では、現代コレア語で用いられる漢字起源の言葉の大部分は、日本語の場合とほぼ同じ意味で用いられているようであり、このようなみごとな一致のほうがむしろ驚くべきものなのかもしれない。

しかし、考えてみれば、中・コ・日三者の関係は、もともと高い文化水準を持っていた中国が他の二者に語彙を輸出するといったものだったから、中国語の単語を受け入れた側に、それを高級な外来語として本来の意味のまま忠実に保持する傾向が強く見られるのは、不可解ではない。それに比べると、もともと一つの言語から系統的に分化して形成されたヨーロッパの諸言語の場合は、事情がだいぶ異なっている。初めに挙げた「赤い腹」の例からもわかるように、ヨーロッパの場合、同系統の言語であれば、語源的に多くの語彙を共通して持っているが、同じ語源の単語でも、各国語別にばらばらな歴史的変化をたどった結果、まるっきり違う意味になることが稀ではない。

たとえば、同じゲルマン語派に属する英語とドイツ語を比べてみると、wife（妻）- Weib（女）、knight（騎士）- Knecht（下男、奴隷）、small（小さい）- schmal（狭い）といった具合に、同じ語源から派生した厄介な「偽の友達」がたくさんいることがすぐわかる。スラヴ系の言語の場合でもまったく同様で、ポーランド語で「リスト」listといえば手紙の意味だが、ロシア語では木の葉や紙片の意味になり、ロシア語の「手紙(ピシモー)」(письмо)は、ポーランド語では文字、著作、雑誌などの意味になってしまう。また、困ったことに、ロシア語で「覚える」を意味する動詞запомнить(ザポームニチ)は、ポーランド語では正反対の「忘れる」zapomnieć(ザポムニェチ)に化けるので、初学者はどちらがどちらだったか、なかなか覚えられない。

ところで、ロシア語には「ファミリア」(фамилия)という単語がある。これはもちろんラテン語のfamilia(一家、家族)に由来しているのだが、だからといって、ロシア人に「あなたのファミリアはいかに?」と尋ねられても、けっして「ええ、おかげさまで」などと答えてはいけない。ロシア語の「ファミリア」は、「家族」ではなく「名字」であって、これは単に名字を聞いているだけなのである。一方、ポーランド語で「家族」のことはrodzina(ロジナ)というが、これはロシア語では「故郷、祖国」の意味になり、ロシア語で「家族」を表わすのはまったく別の「セミヤー」(семья)という単語である。

非常に多くの共通語彙をもつ英語とフランス語の間にも、当然、「偽の友達」がたくさんいるので、アメリカで出ているフランス語の教科書には、こういった悪友の影響を受けないようにという注意書きまでついていることがある。アメリカ人の学生にとって特に危険な例をいくつか挙げるならば、ignorerは「無視する」という意味でも使うが、もともとは「知らない」の意味だし、issue は「発行、問題点」ではなく「出口、結末」、そして librairie は「図書館」ではなく「本屋」といったところだろうか。ところで、本屋といえば、ポルトガル語の livraria や、イタリア語の libreria もフランス語の場合と同様に元来「本屋」を意味する単語だが、アメリカのポルトガル系・イタリア系移民の間では英語の「ライブラリー」の意味に引きずられて「図書館」の意味で使われているという。

東アジアにおける中国語のような役割をヨーロッパで果たしたのは、やはりギリシャ語だろう。現代ヨーロッパの知的語彙の中心を形成しているのは、いまだにギリシャ語起源の単語だといってもいいが、こういった単語が学術的に用いられるときは、「偽の友達」の登場の余地は少ない。だからこそ、「フィロソフィー」はたいていどの国でも「哲学」の意味だということで、安心していられるわけだ。しかし、日常的な用法のレベルになると、「偽の友達」は楽々と忍び込んでくる。たとえば、ギリシャ語で元来、情感、激情などを意味する「パトス」から〔英〕pathetic、〔独〕pathetisch、〔仏〕pathétique などさまざまな形容詞が作られているが、この場合、英語のニュアンスがギリシャ語本来の意味からかなり離れていることに注意しないといけない。ぼくがアメリカ留学中に師事したユーリイ・シュトリーター教授は、ロシア出身のドイツ人で、露・英・独の三カ国語をどれもほとんど完璧に話すことができたが、英語で行なった講義の中で「pathetic な主人公」という表現を用いたため、アメリカ人の学生にとんだ誤解をされてしまった。英語でpatheticとは、日常的には「哀れな、痛ましい、哀愁を誘う」といった意味だから、学生たちは当然「みじめな主人公」に同情して、もの悲しい気分になってしまった。ところが、シュトリーター教授が伝えたかったのは、「悲壮な、崇高な、感動的な」主人公の姿だったのである。

というわけで、「偽の友達」にはくれぐれもご用心！　もっとも、「偽の友達」を見破ることは、結局、「本当の友達」を知ることでもあるから、「偽の友達」とのお付き合いはやはり大切にしないといけない。避けてばかりいては、見破る眼力を養えないからだ。自分の母国語に存在しない、まったく異質な単語であれば誰しも「外国語」としてしっかり覚えるものだが、見慣れた形の単語だと、ついつい自国語にひきつけて類推した結果、とんでもない過ちをおかすことにもなりかねないので、翻訳家にとってこの「偽の友達」は意外に厄介な「伏兵」と言えるだろう。知らないことが恐ろしいのではない。知っていると思い込んでいることが、恐ろしいのだ。

読書案内

荒屋勸編訳『日本人の誤りやすい中国語表現三〇〇例』（光生館、一九八六）。

関川夏央『ソウルの練習問題』（情報センター出版局、一九八四）。
Francis Nachtmann, *French Review for Reading Improvement* (London, 1966).
Uriel Weinreich, *Languages in Contact* (The Hague, 1996).
В.В.Акуленко и др.,《Англо-русский и русско-английий словарь ложных друзей переводчика》(Moscow, 1969). これは、ロシア語と英語の間の「偽の友達」だけを集めて詳しく違いを説明したおもしろい辞典）。

バイリンガルなんてこわくない

「バイリンガリズム」について書くのは、どうも気が重い。たいへん興味のあることなのだが、そんなことはしょせん、「バイリンガル」でもない自分の手に余るのではないか、という思いがあるからだ。しかし、まあ、荘子にあるこんなたとえ話はどうだろうか。橋の上に二人の男がたたずみ、川の中をのぞきこんでいる。一人が「魚はいいなあ、水の中であんなに気持ちよく泳ぎ回っているのだから」と言うと、もう一人が「あなたは自分が魚でもないのに、なぜ、魚の気持ちがわかるのか」と反論する。と、最初の男が悠然と答えて曰く、「あなたは私でもないのに、なぜ、私に魚の気持ちがわからないということがわかるのか?」

バイリンガルでなければバイリンガルのことを論じられない、などという議論はもちろん、科学的でない。そんな理屈をこねていたら、「象でなければ象のことを論じてはならない」ということになるし、日本の大学の外国語教師の大部分は職を失い、路頭に迷うことになるだろう（「フランス人でなければ、フランス語のことはわからない」から）。しかし、その一方で、バイリンガリズムについて優れた研究を残している学者は、ほとんど例外なく、自らもバイリンガルだ、ということもまた事実である。一九五三年に初版が出て以来、いまだにバイリンガリズム研究の最も基本的な文献と見做されている『言語の接触』の著者ウリエル・ワインライクは、イディッシュ語と英語のバイリンガルだし（それ以外にも多くの言語に通じていたが）、『言語のエコロジー』の著者エイナル・ハウゲンは、ノルウェー語と英語のバイリンガル、といった具合で、こんな例はいちいち挙げていたらきりがないだろう。

しかし、そういった有名な学者たちに恐れ多い、ということだけが問題なのではない。バイリンガルでもない自分がバイリンガリズムのことを論ずるのをためらってしまう背後には、もっと特殊な日本的事情があるようだ。かなり複雑な事情だが、それをあえて一言で言ってしまえば、こうなるだろうか。つまり、最近日本で頻繁に使われるようになった「バイリンガル」という言葉は、じつは「英語ひとつろくにしゃべれない」日本人の外国語コンプレックスを裏返しに表現したものにすぎず、その意味するところがあくまでも「手の届かない夢」であるため、あまり現実的に論じてはならないのである。

たしかに、バイリンガルという言葉は日本でも、頻繁に、しかも「肯定的な」意味合いで使われるようになってきた。大修館の『言語』がバイリンガリズムの特集を組んだのが一九七六年だが、このころ「バイリンガル」という言葉はいまほど一般化していなかったように記憶している。当時は三省堂の『外来語辞典』にも、「バイリンガル」という単語は採録されていなかった。ところが、最近では「バイリンガル」を看板に掲げた英会話学校まで登場し、そのイメージ作りがよかったのか、大手学校の一つにまで急成長したという。この「バイリンガル学院」がバイリンガルという言葉をどういう意味で使っているのか、英会話学校と縁のない生活を送るぼくなどには知るよしもないが、学院長には『20日間速修ペラペラ英会話』という著書もあり、ここでは「あなたを英会話ペラペラ人間に変身させてくれる」(そんな怪獣(フリーク)に変身するのはまっぴら御免!)方法が説明されているので、そこから察するところ「英語がペラペラに話せる」ことが「バイリンガル」の意味と考えていいようだ。

ここで、いったい「ペラペラ」とはどういうことか、という疑問が当然生じてくる。たしかに、いま挙げた本の後書きにも、「ペラペラ」の意味するレベルは人によって異なるだろうという趣旨の断わりがあり、それはそれでもっともなことだと思うのだが、ここでむしろ気になるのは、「ペラペラ」という言葉が元来持っていた否定的な意味合いがどこへ行ってしまうのか、ということだ。「外国語ペラペラ」と言う場合には、流暢に話せるという純粋に「プラス」の意味になっているわけだろうが、日本人が日本語を「ペラペラ」話す場合だったらどうだろうか。「下らないことをペラペラしゃべるんじゃない」というように、一転して「マイナス」の意味合いになることは明らかである。つまり、これは日本人がいまだに無自覚のうちに抱き続けている二重標準（ダブル・スタンダード）という一種の差別的価値観のあらわれと言えるのではないだろうか。外国語（とはいっても、ここではもちろん英語のことで、場合によっては仏・独語を入れてもいいが、ベトナム語やスワヒリ語はここには絶対入れてもらえない）は、日本語とは違う特別なものであり、それを知っているということ自体がすでに高いプラスの価値だから、日本語を話す場合許されないような否定的な現象でも、外国語を話す際には価値体系の転倒により、肯定的な現象と見做されるのである。

要するに現代の日本では「バイリンガル」は「カッコいい」のであって、バイリンガルでもない人間はとやかく口を出してはならない。ところが例によって、日本の常識は世界の非常識というわけで、バイリンガルが世界中どこでもそれほどカッコいいものと認識されているとは限らない。たとえば、先日、こういうおもしろい話を聞いた。S国から作家の一団が来日し、東京でレセプションを行なった。S国はアメリカ合衆国と敵対する超大国で、そこで用いられているR語は世界の主要言語の一つだが、日本では専門家が少なく、翻訳家は若干いても、「ペラペラ」話せるような人は非常に少ない。レセプションの席に集まったR文学の専門家の多くも、話すことには自信がなかった。そこで、当然、通訳の世話になるわけだが、この晩、通訳として現われたら若く清楚な日本人女性の話すみごとなR語には、一同皆舌を巻いた。それもそのはず、彼女は父親の仕事の関係で小さいころS国に何年も住んでいたので、R語を日本語同様に身につけていたのだ。さて、レセプションが終わったとき、ある長老R文学者が通訳嬢に歩みより、そのみごとな仕事ぶりに対する感謝の念をこめて「君はすごいねえ、バイリンガルだねえ」と（もちろん、日本語で）言った。と、それに対する彼女の返事が驚くべきものだったので、R文学者はいたく憤慨したのである。

彼女はいったい何と言ったのか。「はい、そうです」の一言だそうである。では、この簡潔で正しい答えのどこが、それほどR文学者を憤慨させねばならなかったのか。後でR文学者が酒を飲みながらぼくに力説したところによれば――「君ねえ、バイリンガルってのは最高の褒め言葉だろう。そんなに褒めてやったのに、『はい、そうです』はないじゃないか。褒められたら、『いえ、それほどでもありません』くらいのことを言って謙遜してみせるのが、日本人の常識だよ。ああいうのが、新人類ってのかね、まったく。」

彼女が新人類かどうかは別として、このエピソードには、バイリンガリズムに関するいくつかの重要な問題点が含まれているように思う。彼女がどうしてあのような答え方をしたのか、については二通りの解釈があるだろう。まず、第一に、バイリンガリズムは彼女の場合、バイカルチュラリズム（biculturalism）でもあったと、想像することができる。実際に多くのケースが実証しているように、バイリンガリズムとは普通、単に二つの言語を知っているだけではなくて、二つの異なった文化の価値体系を身につけること、つまり、二つの文化を生きることを意味する。広い意味での文化を離れて言葉というものは、存在しえないからだ（もっとも、バイカルチュラリズムが必ずバイリンガリズムに伴うものとは言い切れない。たとえば、日本人の自然科学者が、英語で常に論文を発表し、英語で研究生活を送っていたとしても、アメリカ人やイギリス人の文化にはまったく興味を示さず、英語文化に関して無知であれば、これをバイカルチュラリズム抜きのバイリンガリズムと呼んでもいいだろう。ただし、このような一種の「機能的バイリンガリズム（functional bilingualism）」を本当のバイリンガリズムとは呼ぶことはできない、とする立場もあるわけだが、話がそこまで行けば、結局、問題はバイリンガリズムをどう定義するかだ、ということになって、議論が振り出しにもどってしまう）。

いずれにせよ、例の通訳の女性は、二つの言葉をみごとに操り、一方から他方へ楽に切り替えることができたが、文化のほうは同様に切り替えることに失敗し、「褒められたら謙遜する」という日本文化の初歩的な「文法」をうっかり忘れたのではないか、と考えられる。こういった現象は、かなり高度なバイリンガルの場合にもしばしば起こることのようだ。「文化の文法」は、普通「隠された」(covert) ものなので、修得もしにくく、知的に相当成熟していないと、二つを意識的に使い分けることはむずかしい。

しかし、それだけが可能な解釈ではない。もっと真相に近づくために知っておかなければならないのは、通訳の女性が住んでいたS国は多民族国家であり、バイリンガルなど褒め言葉にもならないようなありふれた現象だった――いや、それどころか、バイリンガルという言葉が、むしろ「共通の公用語を満足に話せない知的に劣った少数民族」というイメージに強く結びついていたので、むしろ差別用語のような響きを持っていた、ということだろう。したがって、第二の解釈は単純に言って、こうなる――彼女は、「バイリンガルだね」と言われたとき、褒められたとは思わなかったのだ。

つまり、一口にバイリンガルとは言うけれども、二つの言語の社会的地位の高低や、それぞれの言語の間の文化的・民族的関係によって、バイリンガルが受ける社会的評価や、それに対する人々の態度はまちまちであり、二つの言葉がしゃべれるから単純に「カッコいい」というものではない。一般的に言えば、バイリンガルの操る二つの言語がどちらも同じくらい高い社会的地位を持っている場合(たとえば、カナダ人の英・仏語)、これを水平的バイリンガリズム（horizontal bilingualism）と呼び、一方が他方よりも高い地位を持っている場合（たとえば、アメリカのユダヤ移民の英語〔高〕とイディッシュ語〔低〕）、これを垂直的バイリンガリズム（vertical bilingualism）と呼ぶことができるが、後者はあまり尊敬されないのが普通だろう。それは、在日韓国／朝鮮人や中国人のことを思い出せば、すぐわかる。こういった人たちの中には、最近テレビに始終登場して日本語を話す「ガイジン」（つまり主として欧米の白人）よりも、よっぽど立派なバイリンガルがたくさんいるはずなのだが、彼らはバイリンガルとして褒められないだけでなく、日本語を話すときに犯すちょっとした間違いゆえにあざ笑われ、馬鹿にされてきたのだ。もっとも、ぼくはそんな事実をここでいまさらのように指摘して日本人の人種的偏見を批判しようとしているわけではない。そんなことはじつは、世界中どこでも起こっている。ただ、日本の場合不思議なのは、そういった言語的事実が事実として一般にまったく認識されないまま、バイリンガルという言葉だけが、まったく別の次元で浮遊しているということではないだろうか。

読書案内

『言語』一九七六年十月号――特集・バイリンガリズム。概説的な論文がいくつか載っているが、特におもしろいのは自身五カ国語を自由に話すグロータース神父によるものと、自分の子供がバイリンガルとして育ってゆく過程を言語学者の目で観察した千野栄一氏によるもの。

Hugo Baetens Beardsmore, *Bilingualism: Basic Principles* (Avon, England: Tieto Ltd., 1982). "Multilingual Matters" というシリーズの第一巻。簡潔にさまざまな問題が論じられており、文献目録も充実している。入門書として最適。

Uriel Weinreich, *Languages in Contact: Findings and Problems*, fourth printing (The Hague, Mouton, 1966). 高度に理論的な内容がはいっているので、初心者向きとは言えないが、バイリンガリズム研究の古典中の古典。著者は、イディッシュ語の世界的権威として知られる言語学者。

Einar Haugen, *The Ecology of Language*, selected and introduced by Anwar S. Dil (Stanford U. P., 1972). アメリカの移民（特にノルウェー系）におけるバイリンガリズムの研究で知られる言語学者の論文集。

「バイリンガルって、頭悪いんじゃないの?」

もともと近代科学としての言語学は、個々の言語を一つの体系と見て、その内部の構造を分析することを課題としてきた。したがって、バイリンガリズムのような二カ国語(あるいはそれ以上)にまたがる中途半端な現象にはあまり注意を払ってこなかった、と言えるだろう。しかもバイリンガリズムの場合、おもしろいのは、一つの言葉しか話さない「モノリンガル」(monolingual)からの独特の「ずれ」がどう現われるかという点であり、もしもある人が「完璧な」バイリンガルであって二カ国語をそれぞれのネイティヴ・スピーカーとまったく変わりなく話せたとしたら(つまりモノリンガルからのずれがまったくなかったら)、それは世にも珍しい現象ではあっても、研究対象としておもしろいものにはなりえない。ところが、この「ずれ」や「間違い」は、法則性や規則を中心に考えてきた学問にとっては、むしろ切り捨てるべきこと、否定すべきことであり、そのため、バイリンガリズムが提起するさまざまな興味深い問題も、比較的最近になるまで、まともには扱われなかったのである。そんなわけで、古典的な言語学の概説書には、バイリンガリズムを論じたものが少ないのだが、ブルームフィールドの『言語』(一九三五)は、さすがに移民の国アメリカ合衆国の言語学者が書いたものだけあって、バイリンガリズムの定義を律義に試みている。

〔……〕外国語を完璧に修得して、なおかつ母語を失わないような場合、その結果としてバイリンガリズム、つまり、二つの語を母語と同様に操るという現象(native-like control of two languages)が生じる。幼年期を過ぎると、外国語を完璧にマスターするために充分な筋肉と神経の自由や、充分な機会と余暇を持てる者はほとんどいない。しかし、この種のバイリンガリズムは意外にありふれたことで、アメリカへの移民の場合にも見うけられるし、外国旅行や、留学などによって外国語と接触した結果としても生ずる。もちろん、外国語を上手に話せる者が、どの程度までその外国語をマスターすれば、バイリンガルとなるのか、はっきり定めることはできない。〔バイリンガルとそうでない者の〕区別は、相対的なものである。

簡潔で要を得た定義だが、すでにここには解決しがたい矛盾が顔をのぞかせており、それはそのまま、バイリンガリズムという現象の抱える問題点になっているとも言えるだろう。つまり、ブルームフィールドは、最初にバイリンガリズムとは「二カ国語を母語と同様に操る」ことと定義しているが、これは最も高い次元でのバイリンガリズムの定義であり、ここで母語が基準として引き合いに出されている以上、この判断は絶対的なものと考えられる（「絶対的」というのは、たとえば、ぼくにとって日本語が母語であることは取り消しようのない事実であって、いくらロシア語を勉強したところで、「僕の母語はある程度日本語で、ある程度ロシア語です」というような事態にはけっしてならない、という意味においてである）。ところが、そのすぐ後で彼は、バイリンガリズムとは相対的なものだと言って、前言を翻しているのだ。

　これは、いったい、どうしたことだろうか。一つ考えられることは、前者の「二カ国語を母語と同様に操る」という定義がバイリンガリズムに関する理想を述べているのに対して、後者の相対性を述べた部分は、バイリンガリズムの現実を言っているのではないか、ということだ。どうやら、理想と現実の食い違いは、人間に関わるものなら何にでもついて回る運命らしい。実際、前者の定義が「最大限主義者（マクシマリスト）」的な定義だとすれば、それの対極として、「最小限主義者（ミニマリスト）」的な定義も存在する。なかでも特に有名なものは、エイナル・ハウゲンによるものだろう。

バイリンガリズムは、ある一つの言語を話す者が、もう一つの別の言語で完結した意味のある発話をすることができるようになった時点で始まるものと、考えられる。

この定義に従うと、どんなに英語の下手な日本人であっても、「ジス・イズ・ア・ペン」と言えれば（ひどい発音でも構わない）、もうバイリンガルのはしくれだということになる。過激な定義だということは確かだが（おそらく日本人の九五％以上がバイリンガルになってしまう！）、これこそは、英語を話せない移民が大量にやってきて、悪戦苦闘しながら英語を身につけてゆく（あるいは、結局、身につけられない）過程を目撃してきたアメリカという国に相応しい考え方なのかもしれない。ちなみに、ハウゲン自身は、一九〇六年にアイオワ州に生まれた「アメリカ人」だが、彼の両親はやはり、その七年前にノルウェーから渡ってきた移民だったという。実際、アメリカ合衆国だけでなく、多くの国でバイリンガリズムというものは、自分の母語とは別に社会の公用語を否応なしに学ばなければ生きてゆけないマイノリティー・グループ特有の現象として生じている。そして、マイノリティーに対する社会的偏見とあいまって、貧困や無教養といった否定的な側面がバイリンガリズムと結びつけられるのである。

研究者たちの証言をいくつか拾ってみよう。ワインライクは『言語の接触』の付録で、バイリンガリズムに対するさまざまな偏見を紹介しているが、それを見れば、多くの学者がはっきりした科学的根拠もなしにバイリンガリズムを、吃音、左きき、概念の貧困、軽薄さ、怠惰、道徳的劣等性、金銭欲などに結びつけてきたことがよくわかる。

またハウゲンは「バイリンガリズムの恥辱」という講演（一九七〇）の冒頭で、それまでのバイリンガリズム観がいかに偏ったものであるかを嘆いている。彼の指摘によれば、バイリンガリズムは多くの人々にとって言語的ハンディキャップの異名でしかなく、知恵遅れ、知的貧困、精神分裂、価値観の崩壊、疎外といった危険をもたらすものと常に見做されてきた。

アメリカの日系移民の場合も、例外ではない。ダーシーという研究者がカリフォルニアに住む日系移民のバイリンガルの子供たち五百七十人を対象に行なった調査（一九二六）によれば、「日系移民の子供たちは、アメリカ人の子供たちと比較した場合、平均して読む能力で一四・二五ヵ月分、……算数で一・七五ヵ月分、全般的知識で六ヵ月分の知恵遅れを示している」（引用は、イェール大学のケンジ・ハクタ助教授が出版したきわめて刺激的なバイリンガル論『言語の鏡』による）。おもしろいことに、綴りに関してだけは、日系の子供たちのほうが二・七五ヵ月進んでいるという結果が出ているのだが、これはダーシーの解釈によれば、日本人の「鋭い視覚的認知力」（漢字のことが念頭にあるのだろうか？）や「たゆまぬ注意力」のせいだということになる。ここで見逃せないのは、この種の議論が往々にしてバイリンガリズムに対する偏見だけでなく、人種差別的意識を背景にしていることである（つまり、「日本人は先天的に頭が悪いから、英語ができるようにならないのだ」といった論法！）。実際ダーシーも、北欧からの移民のほうが容易に英語を修得するようだという観察に基づき、彼らのほうが日本人よりも知的に優れている、という結論を導いている。

ここまでは主にアメリカ合衆国を念頭に置いて話を進めてきたが、ヨーロッパに目を転じても、事情はたいして変わらない。フィンランド育ちのスウェーデン人である女性言語学者トーヴェ・スクトナブ゠カンガスは北欧においても同様の偏見が存在することを力説し、バイリンガリズムは依然として貧困、無能、低い社会的地位としばしば結びつけられている、と述べている。このような偏見が支配的な社会では、バイリンガリズムはせいぜい「必要悪」として認知されるにすぎない。これはつまり、自分のマイナーな母語しか知らないモノリンガルの移民が、移民先で言語的に同化して、その国のメジャーな言語だけを用いるモノリンガルに変身するまでに通過しなければならない一段階として、バイリンガリズムがある、という見方である。

「エリート・バイリンガリズム」とは根本的に異なるこの種の「弱者のバイリンガリズム」は、「二カ国語を完璧に操る」どころか、どちらの言葉もまともに操れない、という惨状を呈することさえある。大人になってからアメリカに移住した日本人が、ブロークンな英語しか身につけられない一方で、母語の日本語を日常的に使わないため、そちらのほうも怪しくなってしまった、という場合を想像すればわかりやすいだろう。このような状態を想定して、スクトナブ＝カンガスは「ダブル・セミリンガリズム」(double semilingualism あえて訳せば「二カ国語どちらをしゃべってもいい加減」〔!〕といったところか）という概念を提唱したほどである。

もっともこのような概念は、新たな形の偏見を呼び起こすだけに終わる危険があるし、言語の生態に即した問題のとらえ方とも言えないだろう。結局、この考え方の前提になっているのは、「完全なモノリンガル」(hololingual とも言う）が存在し、その基準に従ってバイリンガルの能力を量的に測定できるはずだ、という仮定だろう〔二四四頁図参照〕。しかし、バイリンガルがモノリンガルと質的に異なった言語的存在である以上、後者の基準をそのまま前者に当てはめても、無意味である。バイリンガルのあり方は、二つの言語の能力を別々に分析して、その結果を単純に加算して把握できるようなものではない。バイリンガリズムは、二つの言葉の複雑な絡み合いの中でもあくまでも一つのものとしてあ

バイリンガルの言語能力の誤った数量的図式化（スクトナブ＝カンガスによる）

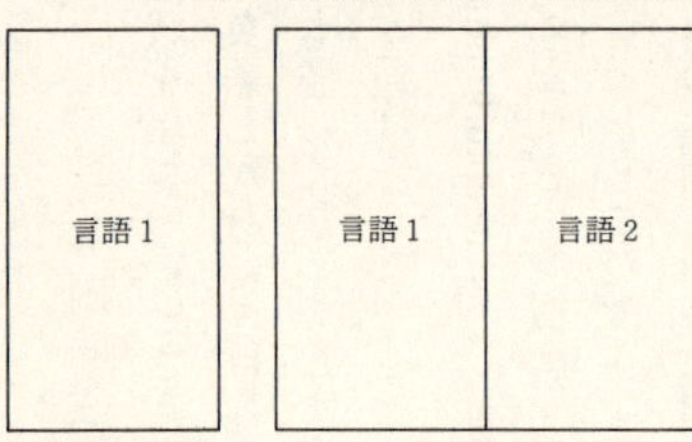

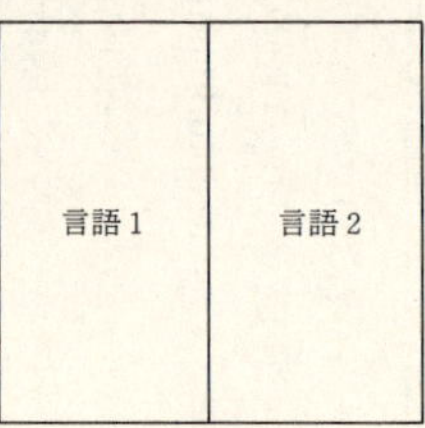

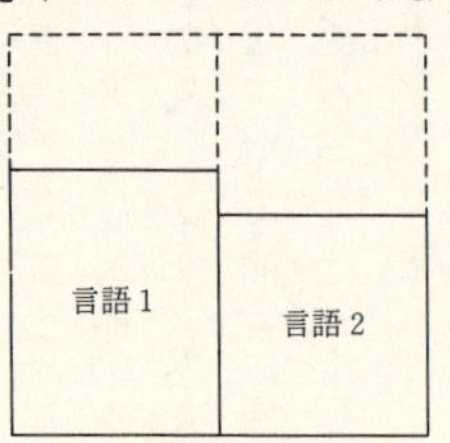

るからこそ、バイリンガリズムなのである。

いろいろな定義を持ち出した結果、かえって紛糾してしまったかもしれないが、一つだけ確かなのは、「完璧なバイリンガル」(ambilingual とも言う) などけっして存在しないということだろう。ちょっと残念な気がしないでもないが、よくよく考えてみれば、この事態はそれほど悲しむにも及ばない。理屈は単純である。完璧なバイリンガルどころか、そもそも、完璧なモノリンガル——つまり、一つの言語を完璧に話す人間——さえ存在するわけがないのだ（日本語を母語とするあなたは、日本語を「完璧に」操ることができるだろうか?）。あの有名なアメリカ作家、デレク・ハートフィールドも言っているではないか。「完璧な文章などといったものは存在しない。完璧な絶望が存在しないようにね。」だからこそ、ぼくたちには自由と希望が残されるのだ。完璧さの向こうには、停滞と死があるだけだから。

読書案内

Leonard Bloomfield, *Language* (London, 1935). 邦訳は、三宅鴻・日野資純訳、ブルームフィールド『言語』（大修館書店、一九六二）。

Tove Skutnabb-Kangas, *Bilingualism or Not: The Education of Minorities* (Avon, England: Multilingual Matters Ltd., 1981). スウェーデン語からの英訳。著者はフィンランド語とスウェーデン語のバイリンガルであり、北欧の事情に詳しい。マイノリティー擁護の立場からだけでなく、女性の（フェミニズム的）視点で書かれているバイリンガリズム論であることがユニーク。

Kenji Hakuta, *Mirror of Language: The Debate on Bilingualism* (New York, Basic Books, 1986). 心理学・言語学・社会学などの広い視野からバイリンガリズムにまつわる偏見を打ち破り、バイリンガルの扱いをめぐる論議で揺れるアメリカ教育界に具体的な指針まで与えようとする明快で痛快な本。非常に読みやすい。

ハラルト・ハールマン著、早稲田みか編訳『言語生態学』（大修館書店、一九八五）。多民族・多言語国家ソ連におけるバイリンガリズムの複雑な実態についての論考を含む。

小野博『バイリンガルの科学』（講談社、一九九四）。

中島和子『完全改訂版 バイリンガル教育の方法』（アルク、二〇一六）。

バイリンガル作家はつらい

移民のバイリンガリズムが、物理的に生き延びてゆくためには選択の余地のない、いわば「負のバイリンガリズム」だったとすれば、その他方の極には、生活の必要に迫られたわけでもないのに、二カ国語が自由に使いこなせるようになってしまったとでもいうような、もっと優雅なバイリンガリズムもたしかに存在している。これがいわゆるエリート・バイリンガリズムである。もっとも、「エリート」だからいいとか、悪いとか、言いたいわけではない。言葉の現象として見る限りエリートも貧しい移民も同権であり、どちらも同じようにおもしろい、とだけとりあえず言っておこう。というわけで、今回はこのエリート・バイリンガリズムについて考えてみたい。フィンランドの言語学者スクトナブ＝カンガスによれば、この現象の生じてくる社会的背景は次のようなものだという。

〔……〕いわゆるエリート・バイリンガルとは、大部分の場合、バイリンガルになることを自由に選び取った者のことである〔……〕。ここに含まれるのは、一時期外国を旅行したり、外国で暮らしたり、あるいは奨学金を得て留学するような上流と中流の子供たちのすべて、そして、学者、外交官、国際公務員、ビジネス〔ウー〕マンの子供たちなどである。また、過去に外国語を話す乳母や住み込み家庭教師を持ったことのある子供たちや、現在外国からの客を迎えいれている家庭の子供たちや若者も、ここには含まれる（後者の場合、客が話すのはしばしば、高い地位を持った言語である）。こういった子供たちのバイリンガリズムは、自由意志によるものであり、彼らに対しては外的な圧力も、内的な圧力も働いていない〔……〕。

この説明のしかたに問題がないわけでもないが（たとえば、「圧力」がないというのは、単純化しすぎた見方だろう）、一応の常識的な線は出しているように思う。ところで、ここに登場するようなエリート・バイリンガル自体はそれほど珍しい現象とは言えないが、それを突きつめた地点に来るのが、二カ国語で（あるいは非母語で）文学作品を執筆する作家たちである。文学作品を書くためには最も高度な語学力が必要だから、このようなバイリンガル作家は、エリート・バイリンガリズムの極致を体現していることになる。これは常識を超えた極端な現象ではあるが、それだけにバイリンガリズムの持つ問題点がここに集約的に現われてくることも確かだろう。

二十世紀のバイリンガル作家と言えば、まず必ず名を挙げられるのがウラジーミル・ナボコフ（一八九九－一九七七）である。ペテルブルグに生まれ、ロシア革命後亡命し、ケンブリッジ大学に学び、ベルリンでロシア語作家としてデビューし、ナチを逃れてパリに移り、さらにアメリカに渡って英語作家となり、スイスで死去したこのロシア人を、世間ではバイリンガル作家と呼ぶならわしだが、いったい、作家がバイリンガルであるというのは、どういうことなのか。二カ国語で同じように書くということが、本当に可能なのだろうか。

ナボコフの「多言語的性格」（multilingual nature）に着目し、時代の最先端を行く作家として彼を称賛したのは、批評家のジョージ・スタイナーだった（英独仏の三カ国語を使う環境で育ったというスタイナー自身もまた、ポリグロットである）。彼は『脱領域の知性』*Extraterritorial* と題された有名なナボコフ論のなかで、「ロシア語、フランス語、ドイツ語、イギリス語、アメリカ語のあいだを縦横無尽に駆けめぐる」ナボコフの言語的能力を強調したうえで、以下のような結論を導いている。

社会の激動と戦争のために言語から言語へと追いやられて行く大作家の姿は、難民

(refugee) の時代にふさわしい象徴になっている。亡命者 (exile) のなかでもこれこそ最もラジカルなものであり、このようにして環境に適応し、新しい生活を始めるということ以上に大変な離れ業は他にない。これほど多くの人々から家を奪い、言語や民族を根こそぎにした文明——ほとんど野蛮と言ってもいいほどのこの文明——のなかにあって芸術を創造する者が、みずからもまた家を失った詩人であり、言語の放浪者であるのは、もっともなことのように思われる。風変わりで、超然として、郷愁を抱き、また故意に時代からずれた存在であろうとし、実際しばしばそうであるナボコフは、それでも結局のところ、みずからの脱領域的性格のため、深い意味で現代的であり、現代の代弁者の一人なのである。

現代という時代の文明論的把握に関する限り、このような考え方が出てくる背景は理解できないこともないが、言語の問題になると、スタイナーの主張はいささか粗雑ではないだろうか。「言語の放浪者」などという表現が織りこまれたこの文章を読んでいると、ナボコフという語学の天才は、社会的変動に追われて国を移るにつれて、その行く先行く先で自分の創作を次々と新しい言語に切り替えていったような印象を受けるが、ごく常識的に言って、そんな芸当が人間に可能なわけがない。いや、「常識で不可能なことを可能にするのが天才の業だ」という反論もあるかもしれないが、それは少なくともこの場合は単なるレトリックにすぎず、ナボコフの伝記的事実に反している。彼がフランス語をよく知っていたのは、パリで亡命生活を送ったからではないし、小説を書けるほどの英語力を身に付けたのも、アメリカに渡ったからではない。もともと彼は、幼いころからこれらの外国語を母語のロシア語同様に知っていたのだ。これは、古いロシアの教養ある貴族階級では珍しいことではなかった。彼自身も、あるインタビューでこう言明している。

私は赤ん坊のころからロシア語と英語のバイリンガルで、さらに五歳のときにはそこにフランス語が加わりました。幼年時代、自分が採集した蝶についての記録はすべて、英語で書いたものです〔……〕。

このようなナボコフにとって、スタイナーの称賛は見当違いで、むしろ迷惑なものに思えたにちがいない。実際、辛辣な批評精神で知られるナボコフは、自分を褒める者をも容赦しなかった。彼はスタイナーに対して、こう切り返している。

スタイナー氏の論文(『脱領域の知性』)は、がちがちの抽象的議論と曖昧な一般論の上に組み立てられている。その中でいくつかの具体的な点を見分けることは可能であり、またそれは訂正されねばならない。第一に、オスカー・ワイルドのフランス語力を彼は馬鹿馬鹿しいほど過大評価している〔……〕」。

オスカー・ワイルド云々というのは、ワイルドが英語作家でありながらフランス語にも通暁していたことを強調するスタイナーの論旨を批判したものだが、この点に関しても状況証拠は、ナボコフ側に有利なようだ。ワイルドがフランス語を非常によく知っていたことは事実であり、彼の友人アルフレッド・ダグラスによれば、ワイルドは「フランス語を英語とまったく同じように話した」ということだし、またドイツ人のフェリックス・パウル・グレーヴェによれば、ワイルドのフランス語力はフランス語に精通したフランス人とまったく変わりなく、文体的にもフランス人作家の書くものにひけをとらなかった、という。ところが、こういった証言はすべてフランス語を母語としない外国人によるものであり、フランス人は彼のフランス語に関して異なった見解を持っていたようだ。彼がフランス語で書いた戯曲『サロメ』は、ピエール・ルイスや、マルセル・シュウォッブなど、多くのフランス人の手によって直されているが、そういった修正を経たうえでも、この戯曲のフランス語はどうもフランス語らしくない、といった感じを多くのフランス人に与えているのである。

もっとも、最後に誤解を避けるために断わっておかねばならないのは、外国語で文学作品を書くことが不可能だ、などという結論を引き出そうとしているわけではないということだ。イギリス人トマス・モアは『ユートピア』をラテン語で書いたし、中世の日本の知識人にとっても漢文（つまり、書き言葉として限定された特殊な中国語）でものを書くのはごく普通のことだった。「ある民族に固有な魂はその民族の唯一の母語に宿り、作家はその魂の代弁者であるから、創作のためにも唯一の母語しか用いることができない」といった考え方は、本質的にはロマン主義的イデオロギーの産物であり、比較的最近成立したものにすぎない、という点も見逃してはならないだろう。しかし、そういったことをすべて考慮に入れたうえで、なお力説しなければならないのは、亡命したからといって母語がそう簡単に交換できるような性格のものではないということだ。たしかにナボコフは絶妙のロシア語と英語を駆使できた奇跡的なバイリンガル作家だが、それにもかかわらず、彼の母語はロシア語であり、彼は死ぬまで一貫してロシア人だった。『ロリータ』の解説でナボコフ自身が、「この小説は、英語との恋愛事件の記録である」と言っているのは必ずしも韜晦（とうかい）ではないだろう。そう言えば島田雅彦の小説にも、「日本語を非母国語化しなければならない」という実現不可能な固定観念にとりつかれて「外国語と恋愛しようとした」人物が登場するが、これはナボコフの場合とは、根本的に異なっている。ナボコフは、けっしてロシア語を「非母国語化」しようなどとは思わなかったからだ。彼は自分の解説をこう結んでいる――「私の個人的な悲劇は〔……〕、私の生得の言葉、つまり何の制約もなく、豊かで、限りなく従順なロシア語を捨てて、二級品の英語を取らねばならなかったということだ。いかんせん、私の二級品の英語には、びっくり鏡や、黒いビロードの暗幕、言外にほのめかすことのできる連想や伝統といった道具が一切欠けているのだが、英語を母語とする手品師ならば、燕尾服の裾を翻しながらこれらの道具を魔術のように使うことによって、母語の遺産を自分なりのやり方で乗り越えてゆくことができるものなのだ」。このように書いた時、ナボコフはロシア語を本当に捨て去ったのではなく、むしろロシア語だけが自分の母語であることを再確認したのだった。

読書案内

ウラジーミル・ナボコフ『ロリータ』（若島正訳、新潮文庫、二〇〇六）。この小説はもともと英語で書かれたが、後にナボコフ自身によってロシア語に訳された。

Vladimir Nabokov, *Strong Opinions* (McGraw-Hill International, 1973).

George Steiner, *Extraterritorial* (New York, Atheneum, 1976).

М.П.Алексеев и др., 《Многоязычие и литературное творчество》(Leningrad, Nauka, 1981). 表題は『多言語と文学創造』の意味（ロシア語）。このテーマを本格的に扱った貴重な論文集。ワイルドのフランス語力に関しては、本書に収められたアレクセーエフの論文による。

島田雅彦『亡命旅行者は叫び呟く』（福武文庫、一九八六）。

オスカー・ワイルド『サロメ』（平野啓一郎訳、光文社古典新訳文庫、二〇一二）。おそらく初めての、フランス語原文からの直接訳。

多和田葉子『エクソフォニー　母語の外へ出る旅』（岩波現代文庫、二〇一二）。

電話のかけ方（および切り方、世界電話文学六大傑作付き）

「もしもし」

「おーい、沼ちゃん？　そうだろ、沼ちゃんだよな。なに、呑気にモシモシなんて言ってんだよ。さっさと名乗ればいいじゃないか。なに、こんな夜中だから、悪質な悪戯電話かもしれないって思ったって？　まだ、午前二時だぜ、宵の口じゃないの。しかし、まあ、お前の言うことにも一理あるな、誰だかわからない相手に自分から名前を教えてやることはたしかに危険だからな。名前ってもんには魂が宿るって言うくらいだし。昔話か何かにもあったろ、ほら、悪魔が自分の名前を知られて、おダブツしちゃうってのがさ。

えっ、お前は誰だって？　なんだ、まだわかんないの。俺だよ、オレ、ウメクサだよ、梅草甚一。久しぶりだなあ、この前、日本挨拶協会の発足記念パーティで会ったきりじゃない。なに、こんな時間に何の用かって？　そうカタイこと言わない、言わない。いや、ちょっとね、急に電話のことを話したくなってね。えっ、何を電話で話すんだって？　違うんだよ、違うの、電話で話したくなったって言ったんじゃなくてね、電話のことを話したくなったって言ったの。いわば、メタ電話ってわけだ。

俺はさあ、前から不思議に思ってたんだけどね、電話のかけ方ってもんが、まあ、どんな国の言葉にもたいていあるだろう。いや、もちろん、電話がまだないような社会は別だけどね。でさあ、電話をかけるときの言葉にエチケットとでも言うかな、そういったものは、言語や社会によってかなり違ってるんだよな。ところがさ、そういう基本的なマナーを解説してくれた本にはお目にかかったことがない。これはさあ、社会言語学的に言っても、情報伝達理論の見地から見ても、かなりおもしろいテーマだと思うんだけどね。そりゃ、本屋に行けば、英会話の棚に『英語の電話のかけかた』といった手の本はいくらでもある。実際、さっき一冊買ってきたんだ。トミー植松著『とっさの電話英会話――もうドギマギすることはない』ってやつ。これを見ると、〈受話器をとると、ヘロウという声。それに答えるには、まずこちらの社名を名乗るのが礼儀だ〉とは書いてあるけどね、まあ会社の電話なら、日本語の場合でも受け手のほうが先に名乗るのが常識ということになっているようだが、いや、お前は会社勤めしたことのない非常識な人間だからそんなことはわからんかもしれないな、まあ、世の中ってのはそんな社会常識さえわきまえていない奴が多いことも事実だがね、ともかくそれが礼儀だとしてもだ、じゃあなぜそれが礼儀なのかとかぁ、その常識はロシア語でもヴェトナム語でも通用するのかとかぁ、ひるがえって考えるに、個人の電話の場合の礼儀はどうなのかとかぁ、実にいろいろな疑問がふつふつと湧いてくるわけだよ。

こんなことを考えるようになったのも、じつは、アメリカで暮らしてたころ、アメリカ人の電話のかけ方がすごく失礼だと思うような経験を何度もしたからでねぇ。あそこはそっかしいのが多いってことなのか、しょっちゅう間違い電話がかかってくるんだな。それも、深夜にさ、妙になれなれしい女の声だったりして。それがだ、こっちが受話器をとって『ヘロウ』と一言いうと（ってのは、俺も外国生活のためか、少々自己防衛的になっていたのかもしれない、ともかく自分の名前を先に名乗らないようにしてたんだ）、向こうはいきなり『イズ・トム・ゼア？』（トムはいる？）とか聞いてくる。自分で勝手に電話をかけてきたくせに、自分から名乗りもしないで藪から棒にずいぶん失礼だな、とまずここで思うんだが、それはぐっと我慢して、礼儀正しい日本人としましては、英会話の本で覚えた“No. I'm afraid you have the wrong number.”（いいえ、お間違えじゃないでしょうか）というような丁寧な返事をすると、今度はびっくりしたような調子で、“Who's speaking?”（あんた、誰？）とくる。こっちもこれには頭にきた。間違い電話の相手にいちいち自分の名前を教えてやってたまるか。そこで、一度なんか、『人の名前を聞く前に自分の名前を言ったらどうですか』って言ってやったと思いねぇ。これには、むこうもびっくり仰天したらしく、ガチャンと電話を切っちゃったっけ。
まあ、そういうことがあって、アメリカ人は電話の礼儀をわきまえない奴が多いっていう印象があった。そりゃ、正直に言って、愉快ではなかったね。ところがだ、この間、トラッドギルとかいうイギリスの社会言語学者の本を読んでいたら、目から鱗が落ちるような説明にぶつかったんだ。ちょっとその箇所を引用してやるから、よく聞いていろよ。

〔……〕すでに指摘したように、英語の話し手の間では、電話の会話において受け手のほうが先に話すのが普通である。しかし、これに関しては必然性は何もない。たとえば、多くの日本人は、電話をかけてきた者のほうが先に話すものと考えている。さらに、電話のかけ方のその他の面も、文化によって異なる可能性がある。たとえば、アメリカ人は、次のような電話のやりとりをまったく正常と考える。

受け手：Hello.
かけ手：Is John there?

ところが、フランス語の電話会話の規範は、子供たちが教え込まれるその種の会話の行ない方を見ればよくわかるように、非常に異なっており、むしろ次のようなものになる。

受け手：もしもし。
かけ手：そちらは、一二三の四五六七番ですか？
受け手：そうです。
かけ手：私は、アンドレと申します。お騒がせして申し訳ありませんが、ジャン君はいますか？

つまり、（フランスの場合）電話をかけてきたほうが邪魔したことを詫びて、みずから名乗るのが普通なのである。アメリカの電話会話では、電話のかけ手のほうが本当に自分の名を言わなければならなくなるのは、話をしようと思った相手が不在のときだけである。

受け手：ただ今、ジョンはいないようですけれど。
かけ手：オーケー。アンディから電話があったと、伝えてください。

とまあ、こんなことが書いてあった。それで、おもしろくなってね、他の言語ではどうなっているのか、調べてみようと思ったんだが、どうもそこまで納得のいくような説明をしてくれる語学書ってのはあんまりないみたいだねぇ。かろうじて、ソ連の語学雑誌で〈電話のエチケット〉を扱った記事を一つ二つ見付けた。それを読んで意外だったのは、ソ連でも電話のエチケットはアメリカとたいして変わらないってこと。たとえば、これは大学の先生らしいけど、シュカートワとかいう人の書いた記事を読むと、〈もしも電話がかかってきたら〉という章があってね、だいたいこんなことを言ってる。

〔……〕仕事の電話では、電話がかかってきたときには、こちらが何者であるかきちんと知らせるような応答が望ましい。〈編集部です〉とか、〈研究所〉のように。外線の場合、組織の名前を言うのが普通だが、内線の場合は肩書プラス姓である。プライベートな電話では、受話器をとったときの答え方ももっと複雑になる。〈ペーチャだよ〉と言えばいいのか、〈ピョートル・イワノヴィチでございます〉と答えればいいのか。要するに相手次第というわけだ〔受話器を取る前から、どうして相手が誰かわかるものか！——沼野注〕。そこで、一番適切なのは〈はい〉とか、〈もしもし〉といった類の応答だということになる。もしも、相手に求められている者が不在であれば、〈なにか伝言がありますか〉と聞いて構わない。もちろん、プライベートな電話の場合、自分から名乗るのが望ましいが、もしも電話をかけてきた者がそうしたくないようであれば、こちらから相手の名を聞いて相手の匿名性を暴き出すようなことをするのは失礼である。

どうだい、これ。俺なんかに言わせりゃ、少し、電話をかけてきた人間に対して甘すぎるんじゃないかと思うんだけどね。人に電話をかけるってこと自体、本来失礼なことだろう。それに匿名性とか言ったところで、向こうから電話がかかって来た瞬間には、大抵の場合、こっちには向こうが誰かなんて皆目見当がつかないわけだが、向こうはかけ間違えでもしない限り、こっちが誰かわかっているはずなんだから、こりゃひどく不公平なわけだ。悪戯電話ってのは、この電話による情報伝達の不公平性、一方通行性を悪用したものなんだな。つまり、普通の一対一のコミュニケーションの場合、やっぱり、情報伝達の回路を確立するために、最初に呼びかけとか挨拶が不可欠なわけだが、お互いに相手の顔が見えるのが当たり前の状況だろ。だから、〈おーい、中村君！〉と呼びかけられたとき、呼ばれたほうも〈なんだい、サブロウ君〉と即座に答えられる。発信者と受信者の間の〈相互作用〉(interaction) が電話の場合はこうはいかないからねぇ。ふだんあまり意識しないことだけど、電話じゃない普通のコミュニケーションの場合、相手の顔の表情やジェスチャーがどんなに大きな役割を果たしているかってこと。そうそう、外国語で電話するのが特にむずかしいっていうのも、もちろん、そのせいだ。これはなにも日本人に限ったことじゃないさ。この間見つけたんだけど、ソ連で出た英会話のテキストでね、『あなたは電話で話せますか?』(*Can You Speak Over the Phone?*)なんてのがあるくらいでさ、なかなか愉快じゃないの。

さあてと、もうだいぶ遅くなってきたから、そろそろ切ろうか? 電話の会話は始め方も大事だけど、終わり方も大事だからなぁ。情報伝達の回路を確立して、それを切る、と。パソコンだって終了をきちんとやらなきゃ、獲得した情報が水の泡だし。飛行機だって離陸と着陸がちゃんとできなきゃ、いくらうまく飛べたって一巻の終わりだもんな。で、知ってる? 電話の会話ってのは、どっちが先に切るのが礼儀か? 普通はかけてきたほうが切るべきだけど、目下のものが先に切っても失礼になるからね、そのへんのかねあいがむずかしい。目下とか、目上とか、そんな礼儀は日本だけだろうって思うかもしれないが、違うんだな、これが。ソ連の論文にもちゃんとそう書いてあったの。アメリカだって、辣腕ビジネスマンはこれをきちんと守ってると思うね。まあ、いいや、ほんじゃま、そろそろ切るとするか。そんじゃ、沼ちゃん、またね。あれっ? おい、もしもし、もしもし! おかしいなぁ、もう切れてやがる…… あいつ、いったい、いつ切ったんだろう?」

読書案内

Peter Trudgill, *Sociolinguistics*, revised ed. (Pelican Books, 1983). 邦訳:ピーター・トラ

ッドギル『言語と社会』（岩波新書、土田滋訳）。ただし、本文中に引用した箇所は、原著の改訂版で付け加えられた部分らしく、邦訳には含まれていない。

Л. А. Шкатова, Речевой этикет: "У меня з азвонил телефон…"《Русская Речь》, 1986, No. 5, pp. 48 - 53.（シュカートワ、「言葉のエチケット――電話がかかってきたら」）。

その他、日本における電話に関する社会常識を身につけたい向きには、伊勢丹広報編『気ばたらき電話術』（ごま書房）や、現代コミュニケーションセンター編『ビジネス日本語のルールブック』（ごま書房）、北川和郎『あいさつの言葉』（日本実業出版社）などいろいろある。社会的「非常識」を身につけたい方には、テレホンおもしろ倶楽部編『秘密のテレホン遊び』（ワニの本）がお勧め。今回の話題に直接の関係はないが、田村紀雄『電話帳』（中公新書）は、電話帳の歴史を扱った画期的な本。

田中克彦『ことばの自由をもとめて』（福武文庫、一九九二）。「電話のかけ方」には直接関係ないが、『屋根の上のバイリンガル』の筑摩書房版を読んでくださった田中氏は、『ことばの自由をもとめて』に収められた「目からウロコが」というエッセイで、「学識教養ともにすぐれた比較的若い、大学の先生」（ぼくのことですか？　それはどうも！）でも「目から鱗が落ちる」という表現を使っている実例を、本章から引いている。田中氏は、「目から鱗が落ちる」といった本来聖書起源の、日常的な感覚からいえば不条理な表現がお嫌いなようで、それはそれで趣味の問題だから、あえて反論はしない。しかし、一つだけ注意を喚起しておきたいのは、ここで「目から鱗が落ちる」と言っているのは筆者(沼野)ではなく、深夜に人の迷惑もかえりみずに電話をかけてきて長々と自分勝手な話をするウメクサとかいういやな男だということである。ついでながら、ぼくの選んだ世界電話文学六大傑作を挙げておく(本当はこのことを本文で書きたかったのだが、思いがけない長電話になってしまって……)。

(1)コルネイ・チュコフスキー『電話』(一九二六)。
(2)J・D・サリンジャー『バナナ魚日和』(一九四八)。
(3)庄司薫『赤頭巾ちゃん気をつけて』(一九六九)。
(4)小林恭二『電話男』(一九八五)。
(5)埴谷雄高『死霊』(一九七六-九五)には宇宙全体の〈私語する無数のざわめき〉を聞くことができる「存在の電話箱」が登場する。
(6)水村美苗『私小説 from left to right』では、アメリカ生活二十年になる姉妹が英語まじりの日本語を使って延延と電話で会話を続ける。

中公文庫版への付記

本書の初版が出た直後、面白いことに、未知の男性から何度か英語でいたずら電話が掛かってきた。アメリカ人をよそおって、英語で、「ミスター・ヌマノ？　ほら、ハーバードの同級生のジョン・スミスですよ。覚えていない？」といったことを話しかけてきたのだが、アメリカ人でないことはすぐに分かった。まずまず流暢な英語だったが、そもそもぼくのアメリカ人の知り合いには訛りの強い英語を話す人が多いので、英語に訛りがあるかどうかは決め手にはならない。変だと思ったのは、「ミスター・ヌマノ」などという堅苦しい呼びかけだった。アメリカの同級生ならば、私のことを「ミツ」と呼ぶはずで、「ミスター・ヌマノ」などという呼びかけはありえないからだ。それにしても、あの人物はいったい何が目的で電話を掛けてきたのだろう、といまだに時々思い出しては不思議に思う。

この章を書いた当時は、携帯電話はまだ普及していなかったから、電話といえばもっぱら各家庭にある固定電話だった。「世界電話文学六大傑作」ももちろんすべて、固定電話による会話を扱っている。携帯電話だけでなく、インターネットを使ったチャットツールが圧倒的に普及したいま、この章に書いたことはどのくらい意味があるだろうか。いまの若い人たちには、はるかな古代の風習のように見えるだろうか。

とてもセクシーなことばたち

あたし、女子大生なんです。

言語学を専攻しているんだけど。

この間、突然ゼミの発表を割り当てられちゃって。とっても困っているんです。先生ったら、いきなりあたしのほうを向いたかと思ったら、

「キミはわがゼミの唯一の女子学生だ。〈言語と性〉というテーマで来週発表してくれたまえ。これは、最近フェミニストたちが大騒ぎしたせいで、社会言語学でも流行しはじめているテーマなのだ。われわれ男も、時流に乗り遅れては困るからね」だなんて。あたし、「性」なんてコトバを聞いて、びっくりしちゃった。それで思わず、「うっそー、先生、〈性〉だなんてぇ!」と言ったら、先生はすました顔をして、「キミ、何を勘違いしとるのかね。性といっても文法的性、つまり〈ジェンダー〉(gender)のことだよ。〈セックス〉(sex)のことではない。キミだって言語学専攻の学生なんだから、この区別くらいわかるだろう」ですって。

そんなわけで。

「言語と性」というテーマに取り組むことになったんです。

で、社会で使われているコトバの体系の中で。

男と女のイメージがどう現われているかというと。

どうも、女性に対してすっごく差別的みたいなんです。

身近なところで、日本語の例を取ると。

「女々しい」とか、「女の腐ったの」なんて言い方は、女性の抗議のかいあって、最近マスコミで無神経に使われることはなくなった。たいへんいいことだとは思うんですけど。でも、ちょっぴりひっかかる点もある。だって、そういう言い方をしなくなったからといっても、そういう考え方をしなくなったということじゃないでしょう？　それとも、コトバのほうが人間の考え方を規定していたのかしら。そうそう、これはサピア＝ウォーフの仮説ね。この考え方が正しいのなら、コトバを意識的に変えることによって、女性に対して差別的な社会を変革してゆくことも可能なわけだ。でも、そんなことがホントにできるのかしら。コトバを変えるだけで、人間も変わるなんて考えるのは、ちょっとおメデタすぎるんじゃないかって感じがしません？　それから、もう一つ、これはちょっと別の次元のことなんですけど。日本語っていうのは、もともと罵り文句が貧弱なコトバでしょう。

そこへもってきて、女性をダシにした軽蔑語までなくなっちゃったら、ますます表現力が貧しくなってしまう（俺たち女だってさぁ、男のいないところじゃすげーコトバづかいしてんだからよぉ、そんないい子ぶるんじゃねえっつんの）。だから「女々しい」なんてコトバを追放して喜んでいるよりは、それに対抗して男をダシにしたキッ～イ侮辱語を作ったほうがおもしろいんじゃないかしら？（ブタオとか）

まあ、ともかく。こういう問題は主に語彙論の領域のことなので、手直しは比較的簡単なんです。要するに、差別的なコトバがあったら、それを使わないようにすればいい、というだけのことだから。それで思い出したんですけど、最近の若い女の子って、自分のことを平気で「ボク」とか「オレ」とか言うみたいね。ああいうのって、中年のオジさんの古風な感覚には耐えがたいみたいなところがあるようですけど、これだって単に趣味とか美意識の問題だから、文法の領域にまでは抵触しない。日本語の人称代名詞っていうものは、ヨーロッパの言語の場合とは根本的に違っていて。語彙の次元だけの操作で簡単に取り替えることができるんです。だから、実際、歴史的に見れば、クルクル変わってきたわけだし。これからも、どんどん変わって行くんじゃないかしら。当然、コトバに対する美意識もそれにつれて変わっていくでしょ。

まあ、日本語のことはいちおうこのくらいにして。

次に、フェミニズムの本場、アメリカ合衆国の英語で〈性と言葉〉の問題がどうなっているかをちょっとのぞいてみると。

これはもう、日本のオジさんが知ったら卒倒するくらい意識が進んでいるんです。とはいっても、もちろん、問題が解決しているというわけじゃぜんぜんないみたいだけれど。

たとえば、日本語の場合と同じように、まず語彙のレベルの問題があるんです。よく槍玉にあげられるのは、manという単語。これが、現代英語では男を意味する単語でありながら、同時に人間全体を表わすというのが、〈セクシスト〉(sexist)的世界観を反映しているというわけ。歴史的に見れば、もともとmanという単語は人間全般を表わす単語で、男だけを指すことはなかったそうです。ところで、〈セクシスト〉なんて言われてたからって、〈セクシー〉とごっちゃにしないでちょうだい。〈セクシスト〉は男女差別的なという悪い意味、〈セクシー〉は色気があって刺激的なというくらいの、まあいい意味ですから、この二つはぜんぜん違う。アメリカ女性にセクシストと罵られたのに、「性的魅力がある」ってほめられたのかと勘違いして鼻の下を長くした日本人のオジさんもいたって話ですけど。まあ、それはともかく、現代米語ではchairman(議長)をchairpersonに替えるとか、mailman(郵便配達人)をmail carrierに替えるとかいうことは、もう一般化している。こういう言い替えに対しては、人工的で不器用な感じがするとか、単語が長くなって面倒だとか、美的でないとか、いろいろな反論もあったみたいですけど。もう、そんなメール・ショーヴィニスト的な発想は通用しないご時世なんです。ともかく、この程度の語彙の問題ならば、適当な言い替えをすれば処理できることで、ようするにやる気の問題！ってわけ。

でも、日本語にないような文法のレベルまでセクシスト的世界観が浸透している場合。厄介なことになるんです。

たとえば「ジェネリック」（総称的）と呼ばれる人称代名詞 he の用法。英語の人称代名詞の体系では、もちろん男の人を指すのはhe、女の人を指すのは she と決まっているんですけど。職業名や身分を表わす単語を受ける場合、たとえそれが女性である可能性があっても、he を使うという文法的な規則がもともとあったんです（この規則だって、一部の男の学者が思い込んでいるほど昔からあるわけじゃなくって、確立したのはせいぜい十九世紀なんですって）。昔のアメリカの大学の学生便覧には、たいていこんな文章が載っていたんじゃないかしら。

In the preparation of all papers, a student should be careful to distinguish between ideas which are *his* own and those which have derived from other sources.（あらゆるレポートを書くとき、学生は自分自身の考えと他の情報源から得たものとを区別するよう注意しなけれ

ばならない）

要するに、剽窃（ひょうせつ）してはいけないという趣旨の文章なんですが。こういう文章はむしろ、日本人の男の学者によく読んでもらいたいものだわ。だって、素人にはどうせわからんだろうって高をくくって、たまたま外国語で読んだ論文の中身を自分の考えみたいにちゃっかり書いて、原稿料を稼いでいる男（ひと）って、けっこういるみたいでしょう？　まあ、それはともかく。この英文でhisというのが問題の総称的代名詞なんです。文法学者は、これは文法上の約束事であって、なにも女子学生をのけものにしてるわけじゃないって力説するんですけど。でも、アメリカで調査したら、総称的用法の he であっても、実際には多くのアメリカ人がそれを男だけを指しているというふうに「誤解」しているという結果も出ているんですって。そこで、最近ではこういう書き方はよくないっていう認識が広まって。なるべく、別の言い方をするようになってきてるんです。さっきの場合だったら、学生を複数にして、Students should be careful to distinguish *their* own ideas and those……と書けば、いちおう問題は解決ね。でも、どうしても単数形を使わなければならないときは、his or her みたいな（ちょっと面倒ですけどね）形を使うしかないんじゃないかしら。たとえばハーバード大学の学生便覧には、「レイプ」に関する注意書きがあるんですが（うっそー！）、もしもレイプされたらというくだりに、こんな文章がありました。

……the victim should be aware that if *he or she* presses charges, part or all of the medical record may be released to police.（レイプの犠牲者は、犯人を告発する場合、医者の診断書の一部ないしは全部が警察に委ねられるかもしれないということを念頭におかねばならない）

レイプの犠牲になる人が、女だけじゃないなんて（というよりは、女だけじゃないってことが社会的に「認知」されるなんて）、まあ世の中も変わったものだわ。でも、おかしなことに、その前にこんな文章もあったんです。「レイプされた学生は、直ちに大学病院と連絡をとることが望ましい。ただし、大学警察にはかならずしも報告する必要はないが、しかし……if the assailant is allowed to remain at large, *he* is a potential danger to the entire community.（もしもレイピストが逮捕されないままでいることが許されれば、彼は地域社会全体にとって潜在的な危険となる）」

つまり、レイプをするのはやっぱり男だけっていう社会常識がまだ強いわけね。でもこの文章で heがhe or she に変わるのは、そんな遠い将来のことじゃないんじゃないかしら……

とまあ、こんな発表をしようと思ってます。でも変ねぇ、あたしってなんだかあたしじゃないみたい。こんなしゃべり方、誰か男の人に作られたみたいで…… ウノとかヌマノとかいう男の幻想じゃないのかしら、こんなしゃべり方！　こんな文体じゃ、卒論なんか書けそうにないしぃ。そうそう、ピエール・ギローってフランスの学者が言ってるんですけど、人間の言語の体系なんてしょせん、男が男のために作ったものなんだから、その中で女が自己表現をしようとすれば、必然的に自己疎外に陥るんですって。だとしたら、女は女だけのための言語を新たに作るしかないのかもね。実際、アメリカの女流ＳＦ作家でシュゼット・ヘイドン・エルギンていう女は、Láadan っていう「女だけの言語」を作ったという話だけど、いくら自分たちのためのコトバとはいえ、別のコトバを新たに勉強するのもつかれるぅ！

読書案内

Philip M. Smith, *Language, the Sexes and Society* (Oxford, Basil Blackwell, 1985). 邦訳『言語・性・社会』（大修館書店）は一部省略があるのが残念。主に英語の問題を扱っているという点では、やや視野が狭いが、社会言語学的な立場からの入門書としては最適。巻末の文献目録も役に立つ。

Casey Miller and Kate Swift, *Words and Women* (Pelican Books, 1979). これも読みやすいすぐれた概説書で、コトバに関する繊細な観察に満ちているが、どちらかといえば

「ジャーナリスティック」な本であり、言語学的には不正確な点がある。

Robin Lakoff, *Language and Women's Place* (New York, 1975). 邦訳は、ロビン・レイコフ『言語と性』かつえ・あきば・れいのるず／川瀬裕子訳（有信堂、一九八五）。

最近の社会言語学の入門書は〈言語と性〉にかなりスペースをさいて論じていることが多いので、その種の本の該当する章を見るのもてっとりばやい。たとえば、トラッドギル『言語と社会』（岩波新書）や、Ronald Wardhaugh, *An Introduction to Sociolinguistics* (Basil Blackwell, 1986) など。ただし、入門書というものはその性格上、著者が必ずしもよく知らないさまざまな言語からの例を引かねばならないので、細部が正確でない場合が多い。Wardhaughの本には、「日本語では男は自分のことをワシないしオレと言い、女はワタシないしアタシを用いる」などという単純化されすぎた記述がある。

Lisa Tuttle, *Encyclopedia of Feminism* (London, Arrow Books, 1987).

ピエール・ギロー『言語と性——文化記号論の試み』中村栄子訳（白水社、一九八二）。

中村桃子『女ことばと日本語』（岩波新書、二〇一二）。

中公文庫版への付記

文章の遊び心のネタを自分で説明するのもどうかと思うが、この章の（疑似）女性一人称は、当時「官能小説」で一世を風靡していた作家、宇能鴻一郎氏の文体を（ごく表面的にだが）真似たものである。いまでは宇能氏の官能小説もさほど読まれなくなり、宇能氏の名前を知らない読者も増えたので、野暮を承知でここに書き留めておく。

本章で引用されているハーバード大学の学生便覧は一九八一年に私が留学した時実際に目にしてびっくりしたものだ。いまでも日本の大学の便覧の類には、こういったことは書いてないだろう。

本章の主題であるジェンダー言語学はその後大いに発展し、いまでは日本語に即した議論も増えている。インターネットで「日本語、ジェンダー、言語学」といったキーワードによって検索すれば、夥しい研究文献がたちどころに出てくる。またちょっと異なった視点からのアプローチとしては、日本語学者の金水敏の提唱した「役割語」という考え方もある。金水は日本語に現れる、ステレオタイプ的なキャラクター像に応じた特徴的な言葉遣いを「役割語」と命名し、「女ことば」もその一種として分析している（金水敏『ヴァーチャル日本語　役割語の謎』岩波書店、二〇〇三）。

しかし、いくら研究が盛んになっても、日本社会における「女ことば」の問題が解決したわけではない。特に外国語からの翻訳においては、現実離れした「女らしい」話し方がいまだに大手を振っている感じで、ジェンダーフリーの日本語の創出など実現にはほど遠い。それを実現させるべきかどうかについても、議論があるだろう。日本はいまだに選択的夫婦別姓についてすら、なかなか社会的合意に至らないのが実情である。

あれ、変ねえ、なんだか硬いしゃべり方になってきちゃったわ。どうしましょ。

そもそも、ジェンダー言語学という真面目な話題をこの章のように「ふざけて」書くのはいかがなものか、と眉を顰められる向きもあるかもしれない。ここでさらに説明を付け加えると、興ざめに蛇足を上塗りすることになるのだが、本章の「遊び」はこのような「女らしい」文体が男の幻想かもしれないことを示すとともに、こういう文体で「真面目な」言語学上の問題を語れるのかを試す、けっこう真面目な試みでもあった。

松と椰子の悲恋

ドイツ語、フランス語、ロシア語などを初めて学ぶ日本人を当惑させる文法的現象の一つは、「文法的性」(grammatical gender) というものだろう。これは、人間や動物だけでなく、あらゆる事物や抽象概念を表わす名詞が文法的に持っている男性、女性、中性などという性別(ジェンダー)のことだが、その性別がロシア語の場合のように語尾の形態によってほぼ自動的に判別できるものはまだいいとしても、フランス語やドイツ語などの場合はそのような規則がないから、なかなか厄介である。たいていの語学入門書には、文法的性は生物学的な性 (sex) を必ずしも反映しているとは限らない文法上の約束事であり、一つ一つの名詞についてその文法的性を暗記しなければならない、といった注意書きがあるだけで、それ以上の説明はないのが普通である。だが、あらゆる名詞に性を与え、その性別のプリズムを通して世界を見るということを、はたして単なる文法上の約束事と言って片づけられるのだろうか、ひょっとしたら、こういう文法体系を身に付けている者の内面では、知らず知らずのうちに日本人には想像もつかない「セクシー」な世界観が形成されているのではないか、などと夢想しはじめると際限がないのだが、残念ながら文法の教師は普通、学習者がそのような非実用的な夢想にふけることを許してくれない。
もっとも、文法的性がいかに「恣意的」なものであろうとも、自然の性とまったく無関係なはずもなく、人間や動物を表わす名詞の場合、自然の性別と文法的な性別が一致するのは当然のことと言ってもいいだろう。つまり、フランス語で「男の子」(le garçon)が男性名詞であり、「女の子」(la fille)が女性名詞であるのは当然であり、誰もそれに異を唱えたりはしない。ところが、世の中には必ず例外というものがあって、たとえば、ドイツ語の「女」(das Weib)や「少女」(das Mädchen)はどちらも中性名詞であり、これを初めて知ったとき、驚くのはなにも日本人だけではない。英語を母語とする人間にとってもこれは充分に不可解な現象であり、マーク・トウェインは「恐るべきドイツ語」というエッセイでこう茶化している。

ドイツ語では、若い女性は性(sex)を持っていないのに、カブは性を持っている。娘カブに対する畏敬がなんと念入りにここに表わされていることだろうか。そして、娘に対しては、なんと無神経で無礼なことだろうか。これを活字にするとどんなふうに見えるか、ご披露しよう。ドイツの日曜学校の本のなかでもいちばんマシな部類のものから、会話を一つ訳してみる。

グレートヒェン　ヴィルヘルム、カブはどこ？

ヴィルヘルム　彼女（she）は台所に行きました。

グレートヒェン　洗練されたあの奇麗なイギリス人の乙女は？

ヴィルヘルム　それ（it）はオペラに行きました。

さらにトウェインはこの調子であらゆる名詞に性別を人為的に付け加えながら、「哀れな魚売り女（fishwife）とそれの（its）悲しい運命の物語」をまるでドイツ語のような英語で書いて見せるのだが、この愉快な傑作を紹介すること自体が目的ではないのでここでは残念ながら割愛する。ただここで注目すべきは、英語がドイツ語と同じゲルマン語派に属しており、ドイツ語に比較的近い言語であるにもかかわらず、文法的性を何世紀も前に失っているため、その英語を母語とする者にもドイツ語のジェンダーの体系が強い違和感を呼び起こしている、という点だろう。ここで違和感の原因は主に二つある。第一に、すでに指摘した通り、人間を表わす名詞の中に文法的性と自然の性が一致しないものがあること。第二には、生命を持たない「モノ」を表わす名詞が必ずしも中性ではなく、むしろ多くの場合あたかも生物であるかのように男性とか女性といった「性」を持っているということである。ここでトウェインは、ジェンダーとセックスを意図的に混同することによって、文法学者の教えを揶揄しているわけだが、実際問題としてジェンダーとセックスは日常生活のなかでも明確な境界線が引けないほど絡みあっていることが多いので、この種の混同はかりに避けようと思っても、避けきれるものではない。

たとえば、無生物を表わす「部屋」という単語や、「太陽」といった単語が女性名詞であるとか、男性名詞であるとか言う場合、文法的性とそれらの名詞によって指し示される事物との関係は果たして純粋に「恣意的」と言い切れるのだろうか。このような疑問は、言語学者には「非科学的設問」として簡単に切り捨てられてきたもの（いや、むしろそれだからこそ、と言うべきだろうか）、かなり魅力的な夢想の領域である。「部屋」を意味するロシア語の комната やフランス語の la chambre が女性名詞であるのは、内部の空間に何かを取り込んで保護するという女性的原理を反映したものではないかとか、フランス語の「太陽」（le soleil）が男性名詞であるのは、太陽のイメージの内に男性原理を見た太古の（あるいは集合無意識的な）神話的想像力のためではないか、などと言葉の「性」をめぐる夢想は尽きない。しかし、いくつかの言語を比較すればただちにわかることだが、言葉と文法的性の関係はあまりに気紛れなので、容易な精神分析的一般化を許さないのである。実際、ドイツ語の「部屋」（das Zimmer）は女性ではなくて、中性だし、太陽にいたっては、インド＝ヨーロッパ語共通の語源を持つにもかかわらず、ドイツ語では女性(die Sonne)、ロシア語では中性（солнце）である。もちろん、太陽の場合でもそれをめぐるさまざまな民族のフォークロア的想像力や気象条件を比較しながら、理由づけを試みることは可能だし、またおもしろいが、それが現在の言語学にとっては、言語起源論と同じように「非科学的」な夢想にすぎないことも残念ながら認めざるをえない。

ここまでは便宜的に、生物を表わす名詞と無生物を表わす名詞というふうに二分して話を進めてきたが、じつはこの区別も性の区別と同様に重要な文法的カテゴリーになる場合が多く、しかもそれが性の区分と絡みあったりすると、ジェンダー論もますます複雑になってくる。実際、生物と無生物を文法的になんらかの手段で区別する言語は珍しくなく、たとえばロシア語では、男性活動体（男性名詞で動物・人間を表わすもの）と男性不活動体（それ以外の男性名詞）が文法的に区別される一方、女性名詞は単数の場合、ヒトもモノも区別されない、という明らかに「女性差別的」な文法構造が認められる（ひょっとしたらドイツ語でWeibが中性名詞であるのは、女をモノ扱いする社会的偏見に由来するのではないか、などと思いたくもなってくる。それにしても、ドイツのフェミニストはこの辺の問題にはどう対応しているのだろうか？）。さらにおもしろいことに、ロシア語と歴史的に深いかかわりを持つ古代教会スラヴ語では、元来男性活動体の扱いを受けたのは、人や動物を表わす男性名詞なら何でもよかったというわけではなく、「健康で自由な男」だけだったと言う。したがって、奴隷、未成年者、超自然的な存在（神、天使、悪魔など）は、このカテゴリーには含まれなかった。このような分類は、明らかに古代人の世界観や社会構造を反映したものと考えられる。

ところで、ヒトやケモノなどの活動体とモノ（不活動体）の間の中間領域には、死体、アメーバ、幽霊などさまざまな「どっちつかず」のものが入り込んで来る可能性があり、これらの名詞を文法的にどう分類するかということは、なかなか微妙な問題である。そして、植物もまた、この曖昧な領域に入り込んできて、興味深い話題を提供してくれる。植物は動物のように自由に動き回れないという点ではモノに近いが、命をもった生き物であることに変わりはなく、比喩的に人間と比べられることも多いからである。ユングによれば、木というものはリビドーの象徴なので、具体的には太陽、エデンの園の木、母、ファロスなどさまざまな意味を持つという。さらに彼は「ラテン語の樹木の名が男性の語尾をもちながら文法上の性は女性であるという事実」を指摘し、それが木の本来持つ両性具有的な性格を示唆するものとしている。一方、プルードンの明快な説明によれば、ラテン語の木が文法的に女性であるのは、木が果実をつけるからだという。

実際、木はフォークロアや詩などで、ヒトの代わりに主役を演ずることが多い。ハイネの有名な作品で松と椰子の登場する抒情詩があるが、これなどもドイツ語で松 Fichtenbaum が男性、椰子 Palme が女性だからこそ、一種の恋愛詩として読めるのであり、この詩を異なったジェンダーの体系を持つ別の言語に訳そうとするときの翻訳の困難さは、われわれにはちょっと想像しがたい。不幸なことに、フランス語では松（pin、ただしネルヴァルの仏訳では sapin）も椰子（palmier）も男性名詞なので、この詩をそのまま仏訳すると「ホモセクシュアル」になってしまうのである。言葉の「性」をめぐる偉大な夢想家であったガストン・バシュラールはこの点に敏感に反応し、こう書いている。

> 北方の松と南方の椰子、凍てつく孤独と焼けつく孤独、こういう対比の上で、フランス語の読者の夢想が行なわれるはずである。だがドイツ語の読者にはもっと別の夢想が多くあたえられよう。松という語は男性だとしても、椰子という語は女性なのだから。そのとき、氷の中で男々しく直立する木のなかで、どんな多くの夢が、長い葉を一杯に開き、かすかな微風にも敏感にゆれる女性の木へと向かうだろう。

この詩はまた、レールモントフによってロシア語にも訳されているが、皮肉なことに翻訳の際に彼が体験した困難は、仏訳の場合とは「さかさま」のものだった。ロシア語では

松 сосна も椰子 пальма も女性名詞なので、露訳すると「レズビアン」になってしまうのである。そこでソ連のレールモントフ全集の校訂者はしかたなしに、「ハイネの原詩の恋愛のテーマは、訳者によって孤独というテーマに変えられている」と注釈を加えているのだが、これは少々苦しいところだろう。

ハイネの原文

Ein Fichtenbaum steht einsam
Im Norden auf kahler Höh'.
Ihn schläfert; mit weißer Decke
Umhüllen ihn Eis und Schnee.

Er träumt von einer Palme,
Die, fern im Morgenland,
Einsam und schweigend trauert
Auf brennender Felsenwand.

Albert Spaethによるフランス語訳

Dans le Nord, un pin solitaire
Se dresse sur une colline aride.
Il sommeille; la neige et la glace.
L'enveloppent de leur manteau blanc.

Il rêve d'un beau palmier,
Là-bas, au pays du soleil,
Qui se désole, morne et solitaire,
Sur sa falaise de feu.

レールモントフによるロシア語訳

На севере диком стоит одиноко
　На голой вершине сосна
И дремлет качаясь, и снегом сыпучим
　Одета, как ризой, она.

И снится ей всё, что в пустыне далекой——
　В том крае, где солнпа восход,
Одна и грустна на утесе горючем
　Прекрасная пальма растет.

ドレイパーによる英訳

A pine is standing lonely
In the North on a bare plateau.
He sleeps; a bright white blanket
Enshrouds him in ice and snow.

He's dreaming of a palm tree
Far away in the Eastern land
Lonely and silently mourning
On a sunburnt rocky strand.

井上正蔵訳（『ハイネ全詩集』1、角川書店、一九七二）

きたぐにの禿山（はげやま）に
ひとり立つ松の木は
むなしくも眠り入る
氷雪におほはれて

夢に見る東方（ひむがし）の
はるかなる椰子の木も
かなしげにひとり立つ
灼熱（しゃくねつ）の絶壁に

レールモントフのロシア語訳からの和訳（沼野充義訳）

草木もはえぬ　北国の
　はだかんぼうの　山の上
ひとり寂しく　立つ松が

さらさら雪の　袈裟ごろも
ゆらりゆらゆら　揺らめかせ
うつらうつらと　眠ります。

松がいつも　見る夢は
はるか彼方の　荒れ果てた
朝日の昇る　あの国で
焼けつくような　絶壁に
ひとり悲しく　立っている
とてもきれいな椰子の夢。

ハイネのこの美しい詩を歌詞として百二十一回も歌曲が作られたという、呑気な注を付けているのは、英訳者ドレイパーだが、それもそのはずである。厄介な文法的性から英語がすっかり解放されている以上、松と椰子の恋愛をどのようなセックスの組合わせにするかということは（日本語訳の場合と同様）、訳者の想像力の勝手であり、語学的な問題に頭を悩ませる必要はないのだから。

読書案内

ガストン・バシュラール『夢想の詩学』(及川馥訳、思潮社、一九七六)。

C・G・ユング『変容の象徴』(野村美紀子訳、筑摩書房、一九八五)。

アルベール・ベガン『ロマン的魂と夢』(小浜俊郎・後藤信幸訳、国文社、一九七二)。

千野栄一「男は神様、女は怪獣」(『言語学の散歩』所収、大修館書店、一九七五)。

Horace G. Lunt, *Old Church Slavonic Grammar*, 7th ed. (De Gruyter , Mouton , 2001).

ワルシャワからの手紙——ポーランド語の海から

Kさん。ご無沙汰していますが、お元気ですか。ぼくも元気です。いまワルシャワの喫茶店でこの手紙を書いています。アメリカのどこかにある田舎町のワルシャワなんかじゃありません。とうとう本物の！　ポーランドにやって来たんです。まだ着いてから一月ちょっとしかたっていないから、頭の中はいろいろな印象で、それこそこの町の満員バスのようにごったがえしていて、とても整理できそうにありません。でもおそらく、外国生活の印象というものは、その国に長く滞在すればするほど書きにくくなるはずなので、いまのうちに（まあ月並ですが）第一印象を書きとめておいたほうがいいんじゃないかと思います。

たしかに、ぼくはこの五、六年というもの、旅や引っ越しばかりしてきました。アメリカ合衆国から、西ヨーロッパへ。日本からポーランドへ。でも本音を言えば、特に旅が好きなわけでもないんです。根っからの本好きで、どこへ行っても観光をそっちのけで本を買いあさって喜んでいるような人間にとって、場所の移動は楽なことではありません（本は重いですからね)。いまは亡き長谷川四郎さんはあれほどのポリグロットで、たいへんな読書家だったのに、蔵書はいつもミカン箱一つきりだった(それとも二つだったかな)という驚くべき美談をどこかで聞いたことがありますが、どこへ行っても買いこんだ本の山のせいで身動きがとれなくなるわが身のだらしなさをそれにひき比べ、苦笑するばかりです。

まあ、それはともかく。何から書きはじめましょうか。初めに言葉ありきというわけでもないんだけれど、やっぱり言葉のことからかな。こんなことを言うと馬鹿みたいに聞こえるでしょうが、ポーランドでは本当にみんなポーランド語をしゃべってる！ というのが、まず最初の圧倒的な印象です。どういうことか。もともとぼくだってポーランド文学好きで、ポーランド語の勉強をしていたから、つたないながらもちょっとは話すことができます。でもポーランドの外でぼくが知っていたポーランド語なんて、観賞用の金魚鉢みたいなものだったわけです。せいぜい、非常に特殊な言語の知識を特殊がり、ありがたがっていたという次元のことでしょうか。ところが(当たり前だろとは、言わないでくださいよ)、ここに来てみたら、ポーランド語なんて、特殊でもなんでもない、誰もが日常生活の中で話している(そして圧倒的多数の人間にとって、日常生活ではそれしか話さない)言葉なんですね。つまり、金魚鉢から一転して、ポーランド語の海の中に投げ込まれ、さあ泳いでみろ、というわけです。

実際問題として、恥ずかしながらここに来た時点のぼくの語学力では、「現代ポーランド文学においては倫理的要請と審美的志向の相克が先鋭化された形で表現されている」というような（何を言ってるんだかよくわかりませんけどね）文章は組み立てられても、「タマネギ半キロ」とか「骨なしの牛肉三〇〇グラム」といったごく簡単なことが言えなかった。もっとも、いままでそれで困るようなことがなかったのも確かです。日本でレムを翻訳していたときもタマネギなんて単語にぶつかった記憶はないし、アメリカでチェスワフ・ミウォシュに会ったときだって、文学や政治の話はしたけれども、「ポーランドにおける牛肉の買い方」に話題が及ぶことはありませんでしたからね。ところが、いざここに来てごく普通の生活を始めようという段になると、話はぜんぜん別です。まあ、ぼくはタマネギは嫌いだからそんなものは買えなくてもいいんですけど、肉屋に行って牛肉が欲しいという意思が伝えられないとなると、これは少々深刻で、大袈裟にいえば死活問題にもなりかねない。

まあ、ともかく想像してみてください、ポーランド語の海を。駅に行って切符を買うにも、八百屋で野菜を買うにも、キオスクで新聞や雑誌を買うにも、ともかく絶対ポーランド語をしゃべらないといけない。この国ではロシア語をしゃべることは禁物なので、用心して一言も口にしないようにしていますが、英語だって町中では期待していたほど通じません。それにしても、最初のうちは、キオスクで新聞を買うにしても、「こんなにポーランド語の下手なガイジンにどうしてポーランド語の新聞が必要なんだろう」と売り子のおばちゃんに怪しまれるのではないかと、はらはらしながら買ったものです。そんなわけで、人並の生活をするために必要最小限のサヴァイヴァル・ポーリッシュをできるだけ早く身につけるということから、ぼくらのワルシャワ生活は始まりました。

で、実際にどうするか。というと、これはじつに単純で、駅でも店でもともかく売り場やレジのそばに立ち、ほかのポーランド人が何と言っているか、聞き耳を立てることです。最初の二、三日は無意味なシューシューという音のものすごく速い流れにしか聞こえず、絶望的な気分になってきますが、それでもめげないで何日か続け、その間に生活のための基本語彙（「ニンジン」とか「洗剤」とか）を努力して増やしていけば、町で聞く会話がしだいに分節化された意味のつながりとして把握できるようになってきます。そんなふうにして、いまでは「二七ズロチのバスの切符を五枚ください」とか、「ワルシャワまでの往復割引券二枚」なんてことも、すらすら言えるようになりました。

そうそう、切符で思い出しましたが、ちょっとした手違いがあって、ぼくらはポーランドに着いてから最初の一ヵ月あまり、予定していたワルシャワ市内のアパートに入居することができず、郊外のピャストゥフという交通の便の悪い所に住んでいたんです。近郊電車とでもいうのかな、まずその駅まで二十分くらい歩き、そこから電車に乗り、さらにバスに乗り替えて大学まで辿り着く（しかも電車やバスが信じられないほど込んでいる）というかなり消耗する日々を送っていたんですが、それはともかくとして、毎日駅のホームで聞くアナウンスが最初のうちはまるっきり聞き取れず（駅のアナウンスなんて音が悪いから、日本でも聞き取れないことが多いとは思いますけどね）苦労しました。ホームに電車がはいって来たときなんか、それこそホームの端まで駆けていき、電車の先頭に掲げられた行き先の表示を自分の目で見て確認するなんてこともありましたが、こうなると電車に乗るのもちょっとした肉体労働ですよ。でも、ポーランドに着いてから三週間目くらいのことだったたか、ある日ワルシャワ中央駅のホームでなかなか来ない電車をじりじりして待っていると、突然アナウンスがすうっと頭にはいり、全部完全に聞き取れたのでわれながら驚きました。いや、じつに簡単な内容で、「ワルシャワ東駅始発、スキェルネヴィツェ行き、プルシクフ・ジラルドゥフ経由の電車が三番ホームに来ます」と言っていただけなんですよ。文法的にはまったく簡単な文ですけど、地名を知らなければ聞き取れと言われたって、無理な話ですよね。まあ、これは語学が上達したというよりは、生活がしみこんでしまったということかもしれません。なにしろ、万一間違った電車に乗ろうものなら、うちに帰れなくなって、野宿なんて悲惨なことにもなりかねませんから、行く先の地名くらい嫌でも叩き込まれます。

というわけで、ピャストゥフ住まいはぼくらにとって、予期せぬハプニングだったのですが、不便なことばかりでなく、楽しいことも結構ありました。この町は距離的にはワルシャワからせいぜい一五キロくらいしか離れていないのですが、ぼくらのような東京っ子にとってはたいへんな田舎町で、そこの住民も本物の日本人を見るのは生まれて初めてというような人ばかり、都会生活では期待できないような素朴な人情を味わうことができました。隣の家のカーシャはとても可愛い女の子で、よく料理を手伝ってくれたり、ポーランド語の間違いを直してくれたものです。でも、日本人がよっぽど珍しいのか、この町では外を歩くとあまりにじろじろ見られるので、そのことだけは少々閉口しましたね。子供なんかはもう、すれ違うとき、息を止め、食べかけのアイスクリームをすっかり忘れ、ぽかーんと口をあけてぼくらを見詰めていたもんです。近所に小学校があったんですが、その下校時刻にうっかり前を通ろうものなら、もうたいへんな騒ぎ！　それから、これはワルシャワ市内でもよくあることのようですが、小学生くらいの小さな子供が（たいてい男の子）、外人と見るとそばに寄って来て「いま何時?」って聞くんですね。これは一説によれば、外人がポーランド語を話せるかどうかためして喜ぶという、一種の遊びらしいんですが、概して外国語で数をすらすら言うのはむずかしいことだし、そのうえポーランド語の数詞の体系はヨーロッパの言語の中でも特にむずかしいので、普通の旅行者はたいてい答えられないで立ち往生し、悪ガキどもがにやにやおもしろがるといった結末になります（まあ罪のない遊びですけどね）。ぼくも何度かそれをやられてとっさに答えられず悔しい思いをしたので、ガキが近寄って来そうな気配を示したときは、あらかじめ時計を見てポーランド語を頭の中で準備するという習性を身につけてしまいました。二、三度そうしてうまく撃退しましたが、日本人が正確なポーランド語で時刻を言えると知ったときの彼らのびっくりした顔ったら、なかったですねえ。でもぼくとしても、この悪童達には感謝しなければならないのかもしれません。彼らのおかげでポーランド語の数詞に強くなったわけですから。それはともかく、「じろじろ見られるのには閉口する」とワルシャワ大学の日本語科でこぼしてみても、わが同僚のポーランド人諸氏はあまり同情してくれません。二・二六事件の研究で博士号を取ったエヴァさんは川越で、鎌倉時代のサムライに関する権威のシュルツ君は札幌でそれぞれ留学生活を送ったことがあるのですが、二人ともぼくらより「ひどい目」にあったと考えているようです。そうそう、すっかり書き忘れていましたが、ぼくはいまワルシャワ大学で日本語を教えているんです。今回ポーランドに来たのも、もともとそのためで。まあ、日本語教師としてはそうとう怪しいものですけど、アメリカでロシア文学を教えていたころよりは、ましなのではないだろうか。

いやはや、せっかく憧れのポーランドにやって来たというのに、なんだか詰まらないことばかり書いていて申し訳ない。政治や文化のことなどここで取り上げる気はまったくなかったから、それはいいんですが、そのほかにもいっぱい書きたいことが残っています（花のワルシャワ大学日本語科の女子学生たちのことも、テレビの語学番組のことも、満員バスのなかでスリのおっさんを相手にポーランド語で丁々発止とやりあったときのことも）。だけど、とりあえず（ポーランド語で「トー・ナラージェ」と言うところ）この辺で終わりにしておきましょうか。どこで終わりにしたって同じことでしょう。もともと、旅なんて、ぼくらの生活や歴史や川の流れと同じで、初めもなければ終わりもないものなんだから。というか、気がついたらもう始まっていて、終わったときは自分には絶対わからない、といったところかな。これから後一年くらい、ポーランドで暮らす予定です。東京にいたってお互い忙しくって、何カ月も会わないでいることがあるくらいだから、まあたいして長い時間じゃないですよ。じゃあ、また。元気で。うちの奥さんからもよろしくとのことです。

一九八七年十一月十一日（初雪の翌日）　　ヌマ拝

あとがき

これはいったい何についての本か、と聞かれたら、われながら分類しにくい妙な本だとは思いつつも、やはり「コトバ」を扱ったもの、としか答えようがないだろう。そんな書物をまがりなりにも一冊書いておきながら、いまさら断っても手遅れかもしれないのだが、この本の著者は言語学者ではない。外国語との付き合いといっても、幼いころから特別な経験を積んできたわけではなく、ごく普通の日本人として、圧倒的に優勢な日本語の影響のもとに育ってきた。大学に入るまでは「ガイジン」と会話するどころか、身近な存在として「ガイジン」を見る機会にさえ、恵まれなかったのだ。そんな自分が、いったいいつごろから「外国語」の存在を意識するようになったのか、思い出そうとすると浮かび上がってくる過去の出来事が一つある。

小学校三、四年のころだったろうか、微熱（とたぶん、軽い頭痛）のため学校を休み、自宅で布団にくるまって寝ていることがよくあった。平日でありながら学校に行かないことによって得られた自分だけの時間は、ちょっとした病気や昼さがりの布団のぬくもりに彩られ、ほとんど特権的な光輝を放っていたように思う。ことによると、布団の外に出たがらない少年は、世界という名の他者に出会うのが恐かったのだろうか。寝床の中の日課は、『秘密の花園』を飽くことなく何度も読み返したり、ラジオのAM放送を聞くことだった。昼間のラジオ放送というのは、浮気や夫婦関係などといった少年の理解を絶する問題の相談にのったり、まだ行ったことも見たこともない南大東島で北々東の風が風力3で吹いていたりで、けっしてわくわくするほどおもしろいものではなかったはずなのだが、それでも学校に行っていては絶対に聞くことのできない時間帯の放送という理由のため、禁断の果実の香りを漂わせているのだった。ラジオのつまみを回しているうちにFENの英語放送がはいることもあったが、そんな時は、すぐに他の放送局に切り替えた。そのころは確か、英語のアルファベットも文法も知らなければ、「ホット・ドッグ」が「熱い犬」(!)の意味だということすら知らなかったから、かりにじっと英語放送に聞き入ったところで、一言もわかるはずがない。自分が耳にしているのが世間で英語と呼ばれる言語だということが、おぼろげながらわかっているという程度の認識だったのだろう。ところが、ある時、どういう気紛れのせいか、たまたま捕えた英語放送を何時間もかけっぱなしにしてみたことがある。これが同じ人間の言葉であるならば、ただ聞いているだけでも、そのうちに頭の中のスイッチがカチッと切り替わる瞬間がきっとやって来て、すべてが日本語と同じようにわかるようになるのではないか、——そんな希望のようなものが不意に脳裏をよぎったからだった。当然のことながら、その希望が現実によって報われることはついになく、外国語は壁として立ちはだかり続けた。それから優に四半世紀過ぎた今となっても、外国語を単語や文法といった概念で切り刻み、分析的に理解することはできても、頭がテレビのチャンネルのように「カチッ」と切り替わる至福の瞬間が訪れることはない。

いまにして思えば、あれが、自分の理解を超えた他者としての外国語との最初の出会いだった。しかし、そういう括り方をするならば、その正反対を指し示すような幼時体験をもここで引き合いにださなければ、言葉に対して不公平というものだろう。もっとも、これが体験と呼べるようなものであるかどうかさえ、定かではない。ひょっとすると、ウェルズの幻想的短編か何かに夢中になりすぎたせいで、記憶が後から捏造した思い出なのかもしれないのだが、ともかく、ラジオで英語に出会うよりもはるかに前のこと、たぶん、幼稚園に通うか通わないかといったころ、親の目を盗んで、家の外にひとりでさまよい出たことがあった。そんなに長いこと歩いていたわけでもなく、家からそんなに遠くに来たはずもないのに、ふと気が付くと、まったく見知らぬ風景の中にいた。不思議な形の木々が強い日差しを浴びて（あれは夏のことだったにちがいない）生い茂り、見慣れない家並が続いている。かたわらを見ると、街路から細い私道が上り坂になって奥のほうに消えていて、その中に引き込まれるように小さな男の子は坂道を上っていた。上りつめたところにあったものは——と、ここまで来たところで、記憶はいつも言葉に裏切られてしまう。蝶が群れ飛ぶ緑の楽園とか、絶世の美少女の住む白亜の館、などと言葉にすれば、陳腐な嘘になる。そこで何を見たかはとても言葉では言い表わせないが、ただ一つ確かなのは、そこで限りなく懐かしい、言葉になる以前の言葉のようなものを聞いたような気がした、ということだ。それは、日本語でもなければ、英語でもなかった。母語とか、外国語といった分類を超えてただひたすら胸に迫ってくるもの。それでもやはり、一種の言葉なのだった（そう信じている）。

結局、「コトバ」との付き合いには、こういった二つの相反する面がついてまわるのだろう。コトバは時に理解を絶する壁として違和感をかき立てながらも、その反面、生まれる前から知っていたような懐かしさも感じさせてくれるからだ。そして、この本はその両極の間を軽業のように——と言うにはあまりにドタドタした足取りだったにせよ——行き来する試みだった、ということにでもなるだろうか。

＊

本書は、『翻訳の世界』誌一九八五年十一月号から一九八八年一月号にわたって「言語街道交差点」という題で連載された文章に、最小限の加筆訂正を加えてできた（ただし、補論として本書に収録した「イディッシュ語について少々」は、『窓』六〇号〔ナウカ、一九八七年三月〕に掲載されたものである）。執筆に費やしたこの二年あまりは、ちょうど筆者がアメリカ合衆国から日本に帰って、またポーランドに出かけて行く間に当たり、実に慌ただしい夢のような時期だった。日本に帰ったばかりでまだぼーっとしていたころ、「言葉について何でもいいから、エッセイを連載してみませんか」という大胆な話をもちかけてくれたのは、『翻訳の世界』誌の海保なをみさん、その連載を一冊の本にしてくれたのは、筑摩書房の菊地史彦さん。この二人がいなかったら、このようにまとまった形のものはとうていできなかったろう。どうもありがとう。自分にとって最初のこの本が、専門分野からの横滑りの産物であるということは、たぶん偶然ではない。こういった「ずれ」の感覚は、一つの国からもう一つの国へと、そして一つの言葉からもう一つの言葉へと、常に自分の身をずらしながら旅を続けてきた人間に相応しいことではないか、という気がする。

最後に、ぼくがロシア語を話すということをけっして信じようとしなかったいまは亡き父に、この本を捧げたい。

一九八八年二月七日　ワルシャワにて　沼野充義

教会スラヴ語を必死に勉強していたころ――白水Uブックス版へのあとがき

『屋根の上のバイリンガル』の初版が出てから、早いものでもうほとんど八年がたとうとしている。八年とはいっても、無我夢中に生きてきたので、あっという間に過ぎた。この本はぼくにとって最初の著書だったわけだが、その後――誰が読んでくれるのかよくわからないような本ばかりとはいえ――たぶん半ダースほどの著書と、一ダース近い訳書を出したので、森林資源の節約のためにも、自分のつまらない本を出すのはそろそろ止めたほうがいいんじゃないか、なんて考えが頭をよぎるようになってきた(もっとも、たいした仕事の量ではない。特に翻訳について言えば、その大部分は共訳なので、青山南さんからは「ヌマノさんて、ひとりじゃ翻訳やんないんだねえ」といつもからかわれる。たまたまこのUブックスにいっしょに入ることになった畏友、柴田元幸は大学の同期生だが、翻訳にかけては彼のほうが百倍くらいたくさん、しかもいい仕事をしていて、怠惰なオブローモフの徒としては、やれやれとため息をつくばかり)。

そんな折りも折り、この本が装いも新たに、白水社のUブックスに入れてもらえることになった。地球の緑にとっては小さな害悪だが、ぼくにとっては大きな喜びだ。

『屋根の上のバイリンガル』を再発見してUブックスに入れることを最初に提案してくれた白水社編集部(当時)の山村倫代さん、そしてその後を引き継いでくださった同社編集部の山本康、平田紀之の両氏に心から感謝したい。

Uブックス版のために全体を初めて通読しなおしてみて、八年前の自分に出会ったような気がした。おもしろかったのは、昔の自分が何かにつけ「おもしろい」を連発していることだ。しかし若書きというのだろうか、文章に荒っぽいところが多く、いまならこんな下手くそな書きかたはしないのに、と思える箇所も少なくないが、考えかたの本質的な部分はあまり変わっていない。だから、加筆や訂正も最小限にとどめることにした。それだけ自分に進歩がないということだろうか。八年の間にちょっぴり余計な知識と贅肉を蓄えたけれども、あいかわらず語学はよくできないままで、そのくせ何か新しい言葉を始めたいなんて気持ちだけはまだ変わらない。「屋根の上のバイリンガル」という、なんだか意味がよくわからない表題を考え出してくれたのは、筑摩書房版のときの担当編集者、菊地史彦さんだが、この名タイトル(?)が自分の本につけられて以来ずっと、ぼくは屋根の上から、言葉の世界の輝かしい多様性をおもしろがって見守りながら、踊り続けてきたような気がする。踊り疲れるにはまだ早い。

たまたまだが、新たなあとがきをどう書こうかと悩んでいるあいだに、この本の成り立ちに縁の深かった人が二人、相次いで亡くなってしまった。一人は最初にポーランド語の手ほどきをしてくださった吉上昭三先生。もう一人はロシア（当時はソ連）からアメリカに亡命してバイリンガルの書き手となった詩人ヨシフ・ブロツキーだ。そういえば、『屋根の上のバイリンガル』の初版も、ぼくがアメリカ留学中に亡くなった父に捧げられていた。父が亡くなったのは、ぼくが古代教会スラヴ語の勉強に没頭していたときのことだが、その思い出を最近書く機会があった（安原顯編『私の外国語上達法』所載、メタローグ刊、一九九四年）。ここで最後にその文章を再録させていただいて、Uブックス版へのあとがきを締めることにしたい。

留学のために生まれて初めてアメリカに渡ったとき、それこそ食事や睡眠の時間を削ってでも必死に取り組まざるを得なくなったのは、英語でもなく、その頃から専門にしていたロシア語やポーランド語でもなく、古代教会スラヴ語という、普通の人の実用にはまったく何の役にも立たない死語だった。一九八一年、二十七歳のときのことだ。

じつは英会話なるものも、自慢ではないがそれまで一度も練習したことがなく、フルブライト留学生試験の面接のときに、江藤淳氏を含む審査員（江藤氏以外は皆アメリカ人）と英語で問答をしたのが、ほとんど唯一の英会話の体験だったのだから、それでいきなりハーバード大学の大学院博士課程に行って勉強を始めるというのも、いまから思うと大変な度胸だが、日常会話程度のことなら行ってしまえばなんとかなるものだ――というか、なんとかならなくても、生きていくしかないということだろう。そういえば、「生き延びるための英語」(Survival English) というような表現もあるが、あれもちょっと妙なものだ。少なくとも、英会話ができなくて飢え死にしたなんて話は、あまり聞いたことがない。

一方、ロシア語やポーランド語は自分の専門として、日本でもかなり勉強していたので、こちらに関して問題はあまりなかった。そこで問題は、古代教会スラヴ語である。なぜこんな「役に立たない」言語を必死に勉強しなければいけなくなったかと言うと、それは、留学したハーバード大学スラヴ語学文学科博士課程の必修科目だからだった。ついでながら、この学科は語学に関してはかなり要求が厳しく、ぼくのようにロシア文学を専攻する者の場合、ロシア語をマスターしなければならないのは当然としても、それ以外に最低現代スラヴ語を一つ習得したうえで、フランス語とドイツ語両方の筆記試験にパスしなければならず、その上、古代教会スラヴ語のコースを優秀な成績（A）で終えることが義務付けられていた。いかに象牙の塔とはいえ、これはかなり悠長な話であり、特にアメリカのようなプラグマティックな社会の中ではやはり非常に浮世離れした世界のように見えてしまう。

しかし、こういった勉強に情熱を燃やすちょっと変わった人たちを受け入れる場がきちんとあるというのが、アメリカの底力になっていることは否定できない。かつてハーバード大学のスラヴ科で教えていた世界的な言語学者ロマン・ヤコブソンは（残念ながら、ぼくが在学していたときはすでに退官していて、直接教えを受けることはできなかったが）ロシア語史の授業で、中世に生じたある音韻上の変化が「まるで宇宙で一番おもしろい重大事件であるかのように語って」、文法嫌いの学生をもロシア語史の世界の中に引きずり込んだとのことだが、こういう人種が生き生きと活動できる場を提供するのが、大学の本来の使命ではないかと思う。最近の日本で特に強まってきている、もっと実用に役立つ語学（英語）を大学で教えろ、といった風潮は、じつに近視眼的で困ったものである。ガイジンに道を聞かれたときの受け答えや、外国のレストランでの注文程度の実用ならば、大学でわざわざ教えるようなことではない。

話がちょっとそれてしまった。さて、ぼくの古代教会スラヴ語の先生となったのは、ホレス・ラント教授である。スラヴ言語学の権威として世界的に有名な大家であるだけに、どんな講義が聴けるのかと楽しみに教室に行ったところ、文法に関する先生の説明はほとんどなく、大学院生たちはラント教授の書いた文法書の分厚いコピーの束を一部ずつ配布され、次回の授業までにその全部に目を通しておくように、と言われただけだった。そして、次からさっそく始まったのは、古代教会スラヴ語で書かれたテキストをそれこそ一語一語厳密に文法的に解読していくという作業だった。最初のうちはほんの一行の文でも、解読に丸一日かかるということも稀ではなかった。そんな授業が週三回、一学期にわたって続いたのだった。アメリカの授業のやりかたは厳しい。もちろん、無断欠席など許されないし、予習しないで出席することも問題外。少人数の授業なので、一回の授業時間中に、三度も四度も質問をされる。そんなわけで、寝ても覚めても古代教会スラヴ語の予習と復習、という日々が続いた。

このコースの出席者は一〇名あまり。その顔ぶれを見渡すと、「普通の」アメリカ人はむしろ少数派で、ソ連から亡命してきたロシア人女性、アメリカ育ちのウクライナ人女性、スイスでスラヴ学の修士号をすでに取っているポーランド人女性、ロシア人と結婚してモスクワに住んでいたため、ロシア語がペラペラのウクライナ・ポーランド系アメリカ人男性、といった具合である。もっとも、スラヴ人のほうが有利かというと、必ずしもそうではなかったというのが、おもしろい。実際、クラスで一番できなかったのは、亡命ロシア人のカーチャで、愛嬌のある顔立ちのおでぶちゃんだったが（ごめんね）、ラント教授に当てられてまともな答えをしたためしがなく、間違いを指摘されると、「でも、現代ロシア語ではこうです……」などという言い訳をしたものだ。彼女は適性がないと判断され、一年で奨学金を打ち切られ、退学せざるをえなくなったが、これは彼女にとってよかったのではないか。きっといまごろ、スラヴ言語学とは縁のない幸せなアメリカ生活を送っているのではないかと思う。

いまから振り返ってみると、無用の用というのだろうか、まったく何の実用にもならないはずのこの古代教会スラヴ語の訓練は、実は非常に有益なものだった。現代語の読みの場合は、わかりにくい箇所は結局ネイティヴ・スピーカーにうかがいをたてて解決、ということが多いものだが、この「素敵な死語」（というのもじつはラント教授の口癖の一つ）が相手ではもちろんそんな風にはいかない。解読できるまで、あくまでもテキストそのものに向かい合うという厳しい姿勢が要求されるからだ。

しかし、勉強の真っ最中はかなり辛かった。それは語学そのものの難しさというよりは、自分が本来やろうとしていた研究をさせてもらえずに、その前に自分の専門に直接関係なさそうな語学を強制されているという感じからくる辛さだった。その上、これはまったく個人的な事情だが、以前から病床にあった父が亡くなり、葬式のため急遽一時帰国したという記憶が古代教会スラヴ語には重なってくる。死に目には会えなかった。そして東京での葬式を終えた翌日には、古代教会スラヴ語の期末試験を受けるために、あわただしくアメリカ東海岸にもどらなければならなかった。その飛行機の中で、十時間以上もラント教授の教科書をにらみ続けているうちに、涙でにじんで文法表がよく見えなくなったものだ。あれには本当に困った。

人が死ぬ話ばかりで縁起でもないと思われるかもしれないが、結局、人は死んでも、言葉は生きる。そういうことだ。そして言葉への愛も。

一九九六年二月二日　東京・大森の喫茶店で

ハーバード生活から、三つのエピソード——中公文庫版へのあとがきに代えて

本書ではぼくのハーバード留学生活については、ほとんど何も書いていない。ここでは最後に、留学時代の——もう四十年以上前のことだが——いまでも鮮やかに覚えている、ちょっとしたことだけれど、大事なエピソードを三つほど新たに付け加えて、中公文庫版へのあとがきに代えさせていただきたい。

象に教授が務まるか？——ヤコブソンとナボコフの確執

一九八一年、ぼくがアメリカに留学する機会を与えられたとき、ハーバード大学を選んだことは、ロマン・ヤコブソンの存在と無縁ではなかった。ヤコブソンは本書の本文にも何度か登場するが、ロシア出身の世界的な言語学者である。二〇世紀後半の世界の言語学を主導した最大級の存在の一人だった。当然、若いころのぼくにとっても、はるかに仰ぎ見て憧れるような伝説的な学者だった。

当時ヤコブソンはまだ存命だったとはいえ、もう八十代半ばの高齢である。彼がハーバ

ードで現職の教師として教鞭を執っていたのははるか前のことで、ヤコブソンに教えを受けることなど、叶わぬ夢とは知っていたのだが、それでも大学のキャンパスやケンブリッジの町を歩いていれば、歩く伝説の姿をひょっこり見かけることくらいあるのではないか、と薄々期待はしていたのだ。しかし、ヤコブソンはぼくが渡米してから一年もたたない一九八二年七月に逝去し、言葉を交わす機会は一度もないまま終わった。

その代わりにぼくは、ハーバードのキャンパスでまず有名な「象」の洗礼を受けた。「象」と言っただけで、ハーバードのスラヴ関係者なら、誰でも「ああ、あれね」とすぐに分かる逸話だ。大学院の上級生から聞いたのか、あるいは当時まだ若手の新米教員だったウラジーミル・アレクサンドロフ（後にイェール大学教授）に教えてもらったのか——いずれにせよ、それは都市伝説ならぬ、一種の「学園伝説」として流布していたのだった。

当時、ぼくが耳で聞いた「象」の逸話とは、おおむねこんな内容だ。あるときハーバードのスラヴ科で、ナボコフを教授として採用しようという人事の話が持ち上がった（ナボコフはロシア出身のアメリカ亡命者だが、まだ大学の定職もなく、超がつくほどの有名作家にはなっていなかったころの話だ。だからハーバードでの教授職は喉から手が出るほど欲しかったに違いない）。強く推す有力な声もあったのだが、当時、ハーバードのスラヴ科ですでに教授となっていたヤコブソンが強硬に反対した。会議の席で彼はやおら立ち上がり、ロシア語訛りの強い英語でこう言ったというのだ。「皆さん、ナボコフが大きな作家であることは認めましょう。しかし、動物学の教授として象を呼ぼうなんて話がありますか？」鋭い機知にとんだヤコブソンの舌鋒に太刀打ちできる人はなく、これでナボコフがハーバード大学教授になる可能性は潰えてしまった。このことを後で知ったナボコフは激怒し、ずっと根に持ち、挙句の果てにはヤコブソンのことをソ連のスパイだとまで誹謗中傷するようになった（スパイ云々というのはもちろん根拠薄弱だが、マッカーシズムが吹き荒れた一九五〇年代のアメリカでは、ソ連との関係が疑われるのは命取りになるくらい危険なことだった）。

ヤコブソンとナボコフは、人並み外れた巨大な才能を持った、ロシア語関係の人文界の「スーパースター」だった（一般の知名度はともかくとして）。かたや厳密な科学を実践する言語学者、かたや美を追求する小説家。両雄並び立たず。小さなスラヴ科にこの二人が同居している図は、実際、想像し難い。ぼくはその後何度も、どうしてヤコブソンはそれほどナボコフを嫌ったのだろう、と考えたものだ。

ヤコブソンの「象」発言を、ライバルを蹴落とすための悪意に満ちた皮肉とのみ捉えてしまったら、ヤコブソンを矮小化してしまうことになる。ヤコブソンには、ナボコフが非科学的なことを趣味的に語るディレッタントに見えたのだろう。しかし、それにしても……。

文学は言語学とは違う。文学研究なんてそんなに科学的なものじゃなくってもいいじゃないか。教授陣の中にすごい作家が一人くらい交じっていたほうが面白いんじゃないか。当時のぼくはそんな風に思い、ハーバードの教授の何人かに「もしナボコフがハーバードの教授になっていたら、どうだったと思いますか?」という素朴な質問をぶつけたことがある。

それに対しては、異口同音の答が返ってきた。「ナボコフでは、大学の教授は務まらなかっただろうね。博士論文の指導なんて手間暇のかかる仕事を真面目にやる気は、彼にはまったくなかっただろう」。この答にはぼくも同意せざるを得ない。ぼく自身ハーバードで——博士号を取るには至らなかったが——きめ細かい指導をしてくれる素晴らしい教授たちに恵まれたからだ。ぼくの先生の多くはじつはヤコブソンの薫陶を受けた人たちだったので、ぼくは内心自分のことをヤコブソンの孫弟子だと、ちょっと誇らしく思うことにしている。

「ユー・アー・ラッキー!」

マサチューセッツ州ケンブリッジには、さすがハーバードを擁する学園都市だけあって、個性的な品ぞろえをするいい書店が——新刊書店も、古書店も——かなりたくさんあって、本好きのぼくは狂喜して、本を漁りまくった。なにしろ、当時はアマゾンなどももちろんなかったから、本を買うにはともかく書店に行って棚を自分の目でじっくり見て回らなければならない（いまは書店の数も減ってしまっただろうか）。しかし、全部で二〇軒近くあった街中の書店はやがておおよそのところを「制覇」してしまい、ぼくは少し街から離れたところまで足を延ばすようになった。

そんなある時、郊外にちょっといい古本屋があると聞きつけて、週末のある晴れた日、ぼくはハイキング気分になって徒歩でその店に向かった。のんびり歩くことおよそ一時間、とてものどかな田舎っぽいところにその本屋はぽつんとあった。夢中になって古本を漁ると腹が減る。ちょうど、本屋の真向かいにカフェがあって、そこで軽食もとれそうだった。はいってみると、中はがらがら。それもそうだろう、こんな郊外の人気（ひとけ）のないところにわざわざ来る人なんてそれほどいるとは考えられない。味のほうもたいして期待できないだろうと思い、メニューの中で一番無難そうな「ミートローフ・ランチ」というのを注文した。

ところが、しばらくして若いウェイトレスが運んできたのは、パンとサラダと、大きなボールになみなみと注がれた緑色のスープだった。ぼくは首をかしげた。食べ物の名前はアメリカの中でも場所によっていろいろ変わることがあるとはいえ、いくらなんでもこれが「ミートローフ・ランチ」というわけはないだろう。不審に思いながらも、スープを飲んでみると、これが意外にとても美味しい。メインディッシュの添え物のスープではなく、これがメインのようだ。単に緑色のどろどろしたスープなのだが、素朴でちょっとひなびた味がしっかりついている。

それにしても、やはり不思議だったので、ひまそうなウェイトレスがまた顔を出して、「イズ・エヴリシング・オーケー?」とぼくに聞きにきたとき、「たしかに全部オーケーだけど、ひとつ教えてほしいことがある」と切り出してみた。「ぼくはアメリカに来たばかりで、英語がまだよくわからないんだけど、この辺りじゃ、このスープをミートローフって呼ぶのかな?」ぼくは大真面目だったのだが、ひょっとしたら冗談に聞こえたかもしれない。いずれにせよ、ウェイトレスはいかにも可笑しそうにけらけら笑い、「まさか!これはピー・スープ〔エンドウ豆のスープ〕よ。見ればわかるでしょ。間違えちゃった!」と言うと、そのまま厨房に消えてしまった。

ぼくはひどいじゃないかと思って腹を立てかけたが、下げられもしなかったスープをそのまま飲みつづけて待っていると、ウェイトレスが、見慣れた姿形をしたミートローフを持って意気揚々と再登場した。日本ならここで平身低頭、「注文を間違えて申し訳ありませんでした」とお詫びをするところだろうが、さすがに陽気なアメリカ人だけあって、ウェイトレスの科白が愉快だった。なんと、彼女は「ユー・アー・ラッキー！」と言っただけだったのだ。ミートローフ・ランチの料金で、ピー・スープまで飲めたから、という理屈のようだ。これこそアメリカ的発想ではないか。今思い出してみても、たしかにラッキーだったと思うな、あのピー・スープは本当に美味しかったもの。食事を終えると、ぼくはウェイトレスのために少し多めのチップを残し、古本でずっしり重いリュックを背負って、店を出た。

それ以来ピー・スープを飲むことは何度もあったが（スーパーで棚にたくさん並べてあるキャンベルの缶詰にもピー・スープはあった）、あれほどのスープにはお目にかかったことがない。あんな簡単なスープ、エンドウ豆をことこと鍋で煮てすりつぶせばいいのだろうから（そうかな？）自分でも作れそうだが、まだ試したこともないままでいる。

人生で一番美味しかった煙草

喫煙はやめるべき悪癖だとは心得ているし、煙草の美味しさの宣伝をするつもりもないのだが、この話はどうしても煙草なしでは済まされない。

留学の最初の二年間は、ハーバード大学の大学院生寮に住んでいた。同じ寮の中、または周囲の別の寮の建物に、大学院生がかなりまとまって住んでいたので、様々な国籍の、専攻も全然違ういろいろな面白い人たちと知り合うことができた。本書の二番目の章「ロシア人が英語に出会うとき」に登場するソ連からの亡命者ボリスも同じ寮だったし、日本人留学生の中には、後にノーベル賞の有力候補と言われるようになった経済の専門家や、政治家になると当時からはっきり決めていた野心満々の若者もいた（彼はいまや総裁の座を狙う自民党の重鎮で、すっかり縁遠い人になってしまったが、テレビで彼の顔を見るたびにぼくは、寮のキッチンでソラマメをつまみに彼とビールを飲んで他愛もない雑談をした頃のことを思い出す）。アメリカ人の大学院生の中には、なぜかドンガン語――という中国語の一変種が中央アジアにあるということを、ぼくは初めて知った――に尋常ならざる情熱を燃やす言語学専攻の若者もいたし、そうそう、近所の寮には「並外れてできる」と当時から噂されていた日本文学専攻のロバート キャンベル君もいた。後に彼がアメリカ人でありながら、東大で国文学を教え、国文学研究資料館の館長を務めるなど、日本で大活躍してきたことは、ここで改めて紹介するまでもないだろう。ついでながら、ここでさらりと、嫌みにならない程度の自慢めいた話を差し挟むと（まあ、大昔のことだから、一つくらいはいいでしょう?）、キャンベル君とぼくは二人並んで、博士課程二年目の終わりに大学院全体の「最優秀賞」を受けた。それでかなり大きな額のお金がTA（ティーチング・アシスタント）の給料として出ることになり、ぼくの留学生活はそのあと二年は金銭的に保証されたのだった。

と、まあ、寮生活を通じて知り合った友達の話は尽きないのだが、ここで本書の締めくくりに記憶から呼び出したいのは、やはり同じ寮の同じ階に住んでいたある中国人のことだ。中国本土からの留学生で、きっと国費で派遣されてきたのだろう、ぼくのような気楽な立場の人間とは違って（ぼくもいちおう公費留学生ではあったが）、政府の信任を一身に背負っているようなところがあり、言動はいつも堅苦しく、他の寮生たちがピザかハンバーガーでも食べに行こうよと誘っても何かと理由をつけて頑なに断り、一つのフロアに一つしかない寮の共同キッチンでいつも自炊していた。おそらく彼にとっては外貨が非常に貴重なので、外食などで一ドルも無駄にしたくなかったのか。それともアメリカのジャンク・フードが口に合わなかったのか。彼は週末にはキッチンを独り占めし、小麦粉をこねて皮を作るところから始めて餃子を二百個くらいも盛大に作り、友達の中国人を呼んで餃子パーティをやることも一度や二度ではなかった。

そんなわけで、彼は周りのアメリカ人とはあまり交わらず、人付き合いの悪いやつだと思われていたのだが、ぼくとはわりと気が合い、共同キッチンのテーブルでよく雑談をしたものだった。彼もぼくも文学をやっていたので、共通の話題があったのだ。彼はアメリカ文学専攻でエドマンド・ウィルソンを研究していると言い、ぼくが知ったかぶりをして「ああ、それはすごいね！」と言うと（ぼくはその頃、じつはエドマンド・ウィルソンの著作は『フィンランド駅へ』の冒頭を少し読んだだけだった。『ナボコフ＝ウィルソン往復書簡集』の邦訳にぼくが解説を書くことになるのは、この三十年後のことだ）、彼は嬉しそうに満面に笑みを浮かべ、「確かにすごい批評家だよ。で、君は何を研究しているんだい？」と聞き返すので、「ソ連のユーリイ・オレーシャという作家さ」と答えると、「君が専門的に研究しているんだから、やっぱりすごい作家なんだろうね。聞いたことなかったけれど」と言ってくれた。正直な男だった。

そんな気楽なおしゃべりをしていたあるとき（ぼくたちは政治の話はしなかった）、彼があまりに美味しそうに煙草をふかしていたものだから、ぼくもついつられて吸いたくなり、一本くれないかと言ってしまった（このころはまだ嫌煙の社会的な動きはさほど活発ではなく、寮のキッチンでも平気で煙草を吸っていたのだ。いまでは考えられない）。「もらい煙草」というやつである。ロシア人ならば見ず知らずの人にも煙草をねだるということはよくあるのだが、日本人はそんなことはまずしないだろう。ぼくの場合は、ロシア文学を専攻していたのでロシア人みたいになっていたというわけでもなく、単にそのとき何十回目かの禁煙の最中で（よく言うように、禁煙ほど簡単なことはない。少なくとも始めるのは)、自分の煙草を持ち合わせていなかったのだ。

するとワン君は——それが彼の名前だった。いまから考えると、それが苗字だったのだろう。でも、ぼくを含む寮に暮らす他の院生たちは、中国人の名前の仕組みがよくわからず、苗字と下の名前の区別もつかなかったので、彼のことを「ワン」と呼び捨てにしていた——嫌な顔一つしないで、持っていた煙草の箱をポケットから出した。ところが、じつはそれは空箱で、中には一本も残っていなかったのだ。ワンは自分が吸っていたのがたま たま最後の一本だったことに気づくと、それが大いなる恥だとでもいうような済まなそうな顔をして、ちょっと待ってろよ、と一言言い置いて、猛然と駆けだした。彼の部屋は寮の階の端にあって、キッチンからゆうに三十メートルは離れていたのだ。そして自分の部屋から新しい煙草の箱をとり、息せき切って駆け戻り、封を切るとさあ何本でも吸ってくれと差し出したのだった。ぼくは恐縮して、いや、そんなにしてもらってまで煙草が吸いたいわけでもなかったんだよ、という言葉が喉元まで出かけて、口をつぐんだ。そんなことを言ったら、彼の好意を無にしてしまう。そこでぼくは遠慮せずに一本いただいた。銘柄は中国のもので、アメリカや日本の煙草に比べると品質が悪かったのだが、実際にはそのとき吸ったものほど美味しいと感じた煙草は、生まれてから味わったことがなかった。調子に乗って、もう一本もらったほどだ。

ぼくが三十八回目の、そしておそらくこれが人生で最後になる禁煙に成功したのは、そのだいぶ後のことだった。それからもう三十年くらい吸っていないのだが、ワンのくれた煙草は本当に美味しかったなあと今でも時々思い出す。彼とはその後連絡が途絶えてしまい、いまどこで何をやっているのかも知らないのだが、きっと中国に戻って立派な学者として活躍しているに違いないと思う——だってあんなにいい奴だったんだから。いや、いいやつが出世できるとは限らないか。彼の国でも、日本でも。

ちょうどこの増補版に取り組んでいたところ、アメリカで大統領選挙が行われ、ドナルド・トランプが次期大統領に選ばれた。トランプといえば、彼の口から出まかせの大言壮語や悪口雑言に憤慨すると同時に、そこにバフチンの説くカーニヴァル的な価値観の転覆を見て面白がってもいたのだが、本当のところもっと興味があるのは、彼のこれまでの三人の妻のうち二人までもがスラヴ人女性だということだ。最初の妻イヴァナさんはチェコ人、三番目の、そして現在の妻メラニヤさんはスロヴェニア人である。二人とも元モデルで長身の麗人。「トランプ氏はことのほかスラヴ美女がお好き?」などと言えば、民族的ステレオタイプに基づいた下品なタブロイド記事みたいになる恐れがあるが、この機会に「トロフィー・ワイフ(trophy wife)」というおもしろい——多くの女性にとっておそらく不愉快な——表現がどうしても頭に浮かんでしまうことは書き留めておこう。社会的に成功を収めた大金持ちの男が、自分の「トロフィー（戦利品）」のようにめとって自慢できる、若く美しい妻のことだ。

「トロフィー・ワイフ」というと、「容姿端麗なだけで頭の空っぽな」女性を指すことが多いのだが、ぼくはもちろん、イヴァナさんやメラニヤさんについてそんな失礼なことを言いたいわけではない（メラニヤさんについては、移民排斥政策について夫とは違う考えを持っているらしいという話も洩れ伝わってきたことがある）。むしろ「スラヴ移民」（と呼んでもいいだろう）としてアメリカの社会的階段を昇りつめた功績を称えたいくらいだ。ただ、彼女たちがトランプ氏との間にもうけた子供たち——イヴァンカさんやバロン君——には、もし会う機会があったら、まっさきにこう訊いてみたい。「お母さまの国の言葉がちゃんとしゃべれますか？　お母さまの素晴らしい出身国の文化や文学を知っていますか？」

閑話休題。大統領選挙の直後、ぼくはニューヨーク在住の、旧知の舌鋒鋭い亡命ロシア人にEメールで問い合わせた。「ブライトン・ビーチ界隈のロシア系移民たちは、誰を支持したんだろう？」するとこんな返事が返ってきた。「もちろんトランプだよ。ここいらじゃ九十パーセントがトランプ支持だ。ソ連・ロシアからの移民は昔から、ロシアに対抗できる強いリーダーが大好きだからね。いまや世界は悪党三人組の支配する悪夢のような時代に突入した」。

そういえば、アメリカに留学していた一九八〇年代前半はレーガン大統領の時代だったが、あの頃もソ連からの亡命者たちはみな口をそろえてレーガンはソ連に強硬に立ち向かえるからいい、と言っていたのを思い出す。ちなみにいまやトランプの専売特許となった感のあるMAGA（Make America Great Again「アメリカを再び偉大に」）という標語も、もとはといえばレーガンが言い出したものだった。

そうだとすれば、アメリカは昔も今も同じことを繰り返しているのだろうか。いや、今のアメリカは――特にウクライナやガザでの戦争を背景にしたとき――ぼくが知っていたアメリカとは本質的に違う国になってしまったのではないか、という危惧を抱かざるを得ない。もちろん、アメリカが人種差別や不法移民や治安の問題を抱えていたのは昔も今も変わらない。昔のほうがよかったということはないだろう。しかし、それにしても、いまのように分断と憎しみが前面に出てくる事態を留学中に見聞きすることはなかった。いまのアメリカにはびこる、英語でbigotry（頑迷、偏狭）としか言いようのない、じわーっと嫌な感じのする風潮はあのころにはまだなかった。

いや、ぼくの知っていたアメリカは、結局のところ、スラヴ語スラヴ文学研究という、およそ浮世離れしたごく狭い「アカデミア」（学術研究の世界）だけであり、あれは一種のユートピアだったのかも知れない。それは知的に開かれた風通しのいい世界であって、その中にいる限り、戦争も、金稼ぎもばからしく、くだらないことに過ぎなかったのだ。あのころは、学生とも、教授とも、そしてソ連からの亡命作家とも、不思議なほど政治の話をしなかった。ロシアの小説やポーランドの詩のことを考えるのに忙しくて、政治どころではなかったのだ。そして、アメリカが偉大な国だとすれば、本当は金の力でも軍事力でもなく、こういう、およそ世の中の役に立たないような学問を究める場をきちんと確保する懐の深さゆえではないかと思う。先ほど引用した亡命ロシア人は、メールをこう結んでいる。「これから四年の間に根絶やしにされてしまうほど、アメリカの知的制度はやわじゃないさ」。

最後に、ほとんど忘れられていた本書を再発見し、中公文庫に収録することを提案し、編集の労をとってくださった中央公論新社の三浦由香子さんに心からお礼申し上げます。また内容にぴったりの素敵な装画を描いてくださったイラストレーターの小林マキさんにも、心温まる解説を書いてくださった奈倉有里さんにも（きっと元教師の本について何か書くのは、やりにくかったでしょう）感謝いたします。その他、ここにはお名前をいちいち挙げられませんが、問い合わせに答えて懇切丁寧に説明してくれた多くの「言語つながり」の友人たちが本書を支えてくれました。ことばを通じて友だちの輪が世界中に広がっていくのは素晴らしいことです。

おかげさまで本書がまた新しい読者と出会えることになりました。

二〇二四年十二月十九日

山王の自宅で、年甲斐もなくK－POPを聴いて韓国語を勉強したいなと思いながら

解説

いつも身軽に「大事そうなもの」を集めること

奈倉有里

私が初めて沼野充義先生の存在を知ったのは、高校生のときに聴いていたNHKラジオのロシア語講座の応用編で、沼野先生はブラート・オクジャワの歌を紹介していた。私はまだ基礎もおぼつかないながら少しでもロシア語に慣れたくて応用編にも手を伸ばしたのだが、オクジャワの歌詞に出てくる言葉は語彙や文法の問題だけではなく、発想としても一筋縄ではいかないものばかりだ。にもかかわらず、歌声に乗ってえもいわれぬあたたかさが伝わってくる。これは、なんだろう。それまでロシアといえば大好きなレフ・トルストイをはじめとした十九世紀文学の作家の作品しか知らなかった私は、意表をつかれたような気持ちでその歌声に耳を澄ました。

高校卒業後にロシアに渡りペテルブルグの語学学校に入ると、二〇〇二〜〇三年の当時の学校はまだソ連崩壊後の言論が自由になった喜びのさなかにあり、先生たちは西欧諸国や、トルコ、イラン、アジアからの留学生に向けて、ロックバンドの歌詞や、タブロイド紙の下世話な記事、ソ連時代にひっそりと回し読みされていた地下出版の書籍などあらゆるものを教材にとりいれて熱意に溢れる授業をしていた。私はそうした授業を受けて地下出版の作家についてもっと知りたくなって、一時帰国の際に横浜でいちばん大きな市立図書館に行くと、またもや沼野先生の本に行き当たった。それらの本のなかで沼野先生は、私がペテルブルグの授業で紹介された作家について書いているだけでなく、なんと亡命した彼ら本人に会いにいっている。私はそれを読んで、「そうか、作家が亡命してアメリカにいるのなら、ロシアに行くのではなくアメリカに行くという手があるのか！」という衝撃を受けた。のんびり屋の私は、「まずはじっくりと腰を据えてロシア語をマスターして（きっと、軽く十年くらいはかかるはずだ）、十九世紀の文学作品や研究書をいくらでも読めるようになって、それから二十世紀や現代のことを考えればいいのではないか」という構えで取り組んでいたのに、沼野先生はそんなスピードで生きていてはとても辿りつけそうにない仕事をしている。当時、車の免許も持っていなかった私にとって、留学先のアメリカで車を乗りこなし憧れの作家に会いにいく（さらにヨーロッパも車で走り回り、フロント・ガラスが割れてもめげずに修理して、ついでにフランスの片田舎のおじさんと話をし、東西ベルリンの壁をも越える！）などということは、想像もつかないほどの行動力の賜物に感じられた。世のなかにはなんて身軽な人がいるのだろう。

本書、『屋根の上のバイリンガル』（文庫化にあたり改題）を初めて手にしたのは、私がペテルブルグからモスクワに移り文学大学に入学したころの一時帰国のときだった。読んだあとに最も鮮やかに記憶に残ったのは「イディッシュ語」という、これまた私がそれまでまったく知らなかった言語の存在だ。ふつう、言語といえば「どこそこの地域の人が話す言葉で、なになに語族のなになに語派で……」という説明がついてまわるものだが、イディッシュ語は、にわかにはドイツ語系なのかスラヴ語系なのかヘブライ語系なのかもよくわからない。中東欧のユダヤ人についても「なにかたいへんな歴史を背負っていそうだ」という程度のイメージしかなかった。しかし沼野先生はその複雑な言語を、現代の使用状況や各言語と共通する語彙のパーセンテージやこれまでの歴史についてきぱきと説明したのちに、「研究対象としてあまりにも魅力的である」と言ってのける。（ほほう、これはきっと私がこのさきロシアや東欧の文学をやり続けていれば、いつか必要になる言語に違いない）と、私は「イディッシュ語」を頭のなかの「なんだか大事そうなもの」のコーナーに位置づけた。

沼野先生の本のおかげで、ほかにもそうした「大事そうなもの」は増えていった。それらはモスクワの文学大学の生活のそこかしこで役にたった。エドゥアルド・リモーノフらの現代ロシア文学の作家の名は文学大学でも現代文学の授業で頻繁に耳にしたが、そういうとき「えっ、それ誰？」とならなかったのは、ひとえに沼野先生の著書のおかげである。

ロシアではソ連崩壊後にそれまで禁書とされていた亡命作家の本などが一挙に読めるようになり、その現象に少し遅れて、地下出版や亡命文学についても記された教科書が出はじめていたが、なにをかくそう沼野先生はソ連が崩壊する何年も前から、彼らについて書き続けていたのだ。私の目線からみると、まるでロシア語圏の教科書が沼野先生のあとを追っているかのようだった。

いまも『屋根の上のバイリンガル』やその後の沼野先生の著作を読むと、やはり不思議に思う。ソ連の崩壊は、長年ロシア文学を研究していた一九二〇年代生まれの学者にとっても青天の霹靂(へきれき)ともいえるほど予想外の出来事だったというし、世界中がひっくり返りそうな大騒ぎになったのに、沼野先生は八〇年代も九〇年代もそのあとも、なにごともなかったかのように地球上のあちこちを移動し、本を買い漁り、おまけに街角で買い物客の言葉に耳をそばだてるというサバイバルかつ楽しそうな方法で日常のポーランド語を習得し、英語・ロシア語・ポーランド語などさまざまな言語を翻訳し、執筆し続けている。なにかの出来事があったから読んだり書いたりする、というよりは、移動し、人に会い、読み、訳し、書くというそのすべてが、ごく自然に連なっているのだ。それはかつて、ソ連側なのか反ソ連側なのかという二分類によって文学研究までもが対立していた時代から、沼野先生が地球のいたるところに、その二分類にはとても収まりきらない「もうひとつの場所」を見出し、そこで、自分だけではなく、いつかどこかで誰かの役にたつかもしれない「大事そうなもの（と、本）」を見つけてきた軌跡そのものなのだろう。

いまあらためて『屋根の上のバイリンガル』が文庫になることで、新たにこの本に出会う読者が、沼野先生のように身軽に枠組みを超えて「大事そうなもの」を増やしていくことへの憧れを持ってくれると思うと、とても嬉しい。

（なぐら・ゆり　ロシア文学研究者、翻訳者）

『屋根の上のバイリンガル』
単行本　一九八八年四月　筑摩書房刊
白水Uブックス　一九九六年三月　白水社刊

付記
本書は『屋根の上のバイリンガル』（白水Uブックス　一九九六年三月白水社刊）を底本とし、「はじめに」「ハーバード生活から、三つのエピソード」「中公文庫版への付記」を書き下ろして新たに収録した増補版である。

中公文庫

ロシア文学を学びにアメリカへ？
——増補版　屋根の上のバイリンガル

2025年1月25日　初版発行

著　者　沼野充義

発行者　安部順一

発行所　中央公論新社
〒100-8152　東京都千代田区大手町1-7-1
電話　販売　03-5299-1730　編集　03-5299-1890
URL https://www.chuko.co.jp/

ＤＴＰ　嵐下英治
印　刷　三晃印刷
製　本　小泉製本

Published by CHUOKORON-SHINSHA, INC.
Printed in Japan　ISBN978-4-12-207606-8 C1195

つ-3-16
美しい夏の行方 イタリア、シチリアの旅
辻　邦生
堀本洋一 写真
光と陶酔があふれる広場、通り、カフェ……ローマからアッシジ、シエナそしてシチリアへ、美と祝祭の国の町々を巡る甘美なる旅の思い出。カラー写真27点。
203458-7

つ-3-29
地中海幻想の旅から
辻　邦　生
その青さは、あくまで明るい、甘やかな青で、こちらの魂まで青く染めあげられそうだった――旅に生きた作家の多幸感溢れるエッセイ集。〈解説〉松家仁之
206671-7

よ-36-1
真夜中の太陽
米原　万里
リストラ、医療ミス、警察の不祥事……日本の行詰った状況を、ウイット溢れる語り口で浮き彫りにし今後のあり方を問いかける時事エッセイ集。〈解説〉佐高　信
204407-4

よ-36-2
真昼の星空
米原　万里
外国人に吉永小百合はブスに見える？　日本人没個性説に異議あり！「現実」のもう一つの姿を見据えた激辛エッセイ、またもや爆裂。〈解説〉小森陽一ほか
204470-8

よ-36-3
他諺（たげん）の空似（そらに） ことわざ人類学
米原　万里
古今東西、諺の裏に真理あり。世界中の諺を駆使しながら、持ち前の毒舌で現代社会・政治情勢を斬る。知的風刺の効いた名エッセイストの遺作。〈解説〉酒井啓子
206257-3

ウ-8-1
国のない男
カート・ヴォネガット
金原瑞人 訳
戦後アメリカを代表する作家・ヴォネガットの、シニカルな現代社会批判が炸裂する遺作エッセイ。この世界で生きる我々に託された最後の希望の書。〈解説〉巽　孝之
206374-7

カ-4-1
世界最悪の旅 スコット南極探検隊
チェリー・ガラード
加納一郎 訳
南極点初到達の夢破れ極寒の大地でほぼ全滅した悲劇のスコット隊。その探検行の真実を、生存者である元隊員が綴った凄絶な記録。〈解説〉石川直樹
204143-1

ス-10-1
ホワイト・ティース（上）
ゼイディー・スミス
小竹由美子 訳
ロンドン出身の優柔不断な中年男・アーチーと、バングラデシュ出身の誇り高きムスリム・サマード。ふたりの友情を軸に歴史、信条、言語、世代、遺伝子の差違が招く悲喜劇を描く。
207082-0

各書目の下段の数字はISBNコードです。978－4－12が省略してあります。

ス-10-2
ホワイト・ティース(下)
ゼイディ・スミス
小竹由美子 訳
アーチーの娘・アイリーとサマードの息子・ミラトとマジドは、遺伝子工学者のチャルフェン家と関わり、新たな問題の渦中へ。多文化社会の困難と希望を描く傑作小説。
207083-7

セ-1-3
夜の果てへの旅(上) 新装版
セリーヌ
生田耕作 訳
仏人医学生バルダミュは第一次大戦で絶望し、暗黒遍路の旅へ出る。「呪われた作家」の鮮烈なデビュー作。〈座談会〉中上健次他「根源での爆発、そして毒」
207160-5

セ-1-4
夜の果てへの旅(下) 新装版
セリーヌ
生田耕作 訳
アフリカ、米国と遍歴を重ねたバルダミュは、パリ郊外で医院を開業するが——。世界に衝撃を与えた二〇世紀文学の重要作品。〈巻末エッセイ〉四方田犬彦
207161-2

チ-1-3
園芸家12カ月 新装版
カレル・チャペック
小松太郎 訳
園芸愛好家が土まみれで過ごす、慌ただしくも幸福な一年。終生、草花を愛したチェコの作家チャペックによる無類に愉快なエッセイ。〈新装版解説〉阿部賢一
206930-5

チ-1-4
ロボット RUR
カレル・チャペック
阿部賢一 訳
人造人間の発明で、人類は真の幸福を得たはずだった——。「ロボット」という言葉を生み、発表から一〇〇年を経てなお多くの問いを投げかける記念碑的作品を新訳。
207011-0

チ-3-3
狩場の悲劇
チェーホフ
原 卓也 訳
殺人事件をめぐる小説原稿に隠された秘密と、読み終えてなお解け残る謎。近代ロシア文学を代表する作家が残した恐るべき大トリック。〈解説〉佐々木敦
207224-4

フ-17-1
エミリーに薔薇を
フォークナー
高橋正雄 訳
ミステリの古典にも数えられる表題作ほか「あの夕陽」「ウォッシュ」など代表的な短篇全八篇。巻末に中上健次の講演「フォークナー衝撃」他一篇を収録。
207205-3

フ-17-2
野生の棕櫚(しゅろ)
フォークナー
加島祥造 訳
人妻と放浪する元研修医。増水したミシシピイ河で妊婦を助けた囚人。二つの物語を交互に展開する手法で後世に衝撃を与えた長篇。〈巻末エッセイ〉野谷文昭
207447-7